中國詩歌起源與發展概要

徐 紹 洵編著

道藩文藝中心印行

中國詩歌起源與發展概要

目　　錄

序

　　先哲有言：「一本書可以改變一個人的歷史，可以改變許多人的歷史、可以改變國家的歷史」一部電影、一部戲劇、一首詩詞、一首歌，也可以。又有人說：詩歌是人類在宇宙間最美的天籟。所以從古到今、無論那個時代、那個階層、只要是人、就無不喜愛詩歌，因為人類本能就含有詩歌的細胞，自其走出娘胎，即會發出呱呱可愛的美好聲音。至其漸漸長大就有兒歌，與童詩的產生。

　　我中華民族素來有詩國之稱，詩歌藝術傳統深厚、源遠流長。自人類以來，數千年間，作者如雲，名家輩出，流傳作品浩繁。使我們欲入其門的青年朋友，不知從何著手，得以窺其堂奧。因而望之生畏！這實在是一件遺憾的事。

　　江西省南昌市徐紹洵先生，出身書香門第自小受詩歌藝術的薰陶。有鑒於此，花費許多精神與功力研究編著「中國詩歌起源與發展概要」一書，且以原詩與詩意並陳，簡單扼要，讀者們只要花很少的時間，就可瞭解我國詩歌的來龍去脈，並可讀到各朝各代的名詩人及其代表性詩作。這對今日繁忙社會的需要而言，是非常適合的。可說是人類的一大福音，也是詩界的一件盛事。

　　本中心為宏揚詩藝，特別鼓勵徐先生從速印行，基於「文章最短，讀者最多」的鐵律，必然會在書市掀起搶購的熱潮。

雪滋/陳明卿　謹為序

前　言

　　詩歌：是文學一大樣式，中國古代，稱不合樂的爲詩，合樂的爲歌。現在一般統稱爲詩歌。

　　詩歌起源：起自民間歌謠，源於《詩經》裏的（十五國風）與《楚辭》中的（離騷）篇。

　　詩歌發展：

　　發展時間：自西元前 1122 年至西元 1911 年共 3033 年。

　　發展朝代：周朝、秦朝、漢朝、魏晉南北朝，隋朝，唐朝，宋朝，元朝，明朝，清朝。

　　發展重點：

　　一、四言詩歌是從《詩經》裏的"詩"演進而來，到東漢建安時期，丞相曹操仍在繼續創作。五言詩歌，首見於漢樂府民歌，到漢末建安時期才展開。七言詩歌，首見魏王曹丕所創作一篇"燕歌行"。直到南北朝，才有鮑照，庾信跟進。

　　二、詩歌發展到唐朝已達極致，新文體"詞"就跟著出現。"詞"的特徵是長短句，衝破了四言，五言，七言詩的拘束。詞體形成于唐代，發展在宋代，最後宋詞獲得與唐詩並稱的光榮。

　　三、詩歌發展到元代，又演進一種"散曲"的詩歌樣式，其特徵是染，散，俗，辣。在寫法上，很像"詞"的長短句，用語樸素直率，還可以在正字外加襯字，因而比詩，詞，更靈活，更加適合使用口語。最後，元曲也獲得與唐詩，宋詞並稱的光榮。

編著者徐紹洵謹識

綱　目

周　朝

　　西周初期：朝廷設置掌管禮樂的太師官，訓練大批的采詩人，向天下各地區採集詩歌（當時稱“采風”）。

　　東周春秋時期：孔子在採集的三千多篇詩歌中，精選305篇成冊，簡稱（詩三百）。漢武帝時，改稱《詩經》。

　　附節選原詩及詩意

　　東周戰國時期：大詩人屈原創作的（離騷）是我國文史上最早最長的一篇抒情詩，爲後世詩人提供了新的途徑，影響深遠。

　　附原詩及詩意

秦　朝

　　秦王嬴政統一六國建立秦朝，時間短暫，在文史上，僅留下“焚書坑儒”記錄。無詩歌傳世。

漢　朝

　　西漢初期：朝廷設樂府置樂府令，管理詩歌採集和運用。

　　西漢武帝時期：武帝劉徹偏愛“賦”的文學。無形中阻止了詩歌與散文的自由發展。

　　東漢建安時期：承相曹操改革朝廷文化，促進了詩歌與散文的發展，在文史上，留下了建安繁榮昌盛局面。

　　附：丞相曹操詩歌四首

　　建安七子詩歌十一首

　　兩漢樂府民歌四首

魏晉南北朝

　　自西元 220 年魏王曹丕篡漢至 581 年隋文帝楊堅統一全國這 360 年間，儘管政爭頻繁，國家分裂割據嚴重，而詩歌發展，不但未受影響，且有很多創新的表現。

　　這個朝代，詩歌創作，最具代表性名作家及作品，有曹丕，曹植，阮籍，陸機，左思，陶淵明，謝靈運，鮑照，謝眺，庾信。

　　附：南朝樂府民歌三首

　　　　北朝樂府民歌三首

隋　朝

　　從建國，全國統一到滅亡。前後只維持了 30 多年，詩歌作家及作品，僅有盧思道，薛道衡，楊素，楊廣等人。

唐　朝

　　詩歌發展到唐代，已臻成熟，無論是體制的完備，還是題材的多樣，無論是揭示生活的深度，還是反映現實的廣度，可以說都達到了不可企及的境界。

　　這個朝代，詩歌創作最具代表性名作家及作品，有王勃，陳子昂，孟浩然，王維，李白，杜甫，韓愈，柳宗元，張籍，白居易，劉禹錫，元稹，杜牧，李商隱等人。

新文體 "詞" 的出現，從中唐到後唐，最著名的詞人及作品，有李白，李煜兩人。

宋　朝

詩歌發展到宋代，演進一種 "詞" 的樣式，詞體形成在唐代，發展在宋代，在文史上，已獲得與唐詩元曲並稱的光榮。

宋詞創作，最具代表性的作家及作品有歐陽修，王安石，柳永，蘇拭，黃庭堅，秦觀，賀鑄，李清照，嶽飛，陸游，辛棄疾等人。

附：無名氏創作的 "詞" 九首

宋詩創作，最具代表性的作家及作品：有歐陽修，王安石，蘇拭，黃庭堅，李清照，陸游，辛棄疾，文天祥等人。

元　朝

詩歌發展到元朝，又演進一種 "曲" 的樣式，曲分戲曲與散曲兩類，散曲與詩，詞一樣，用於抒情，寫景，敍事。在文史上，已獲得與唐詩，宋詞，並稱的光榮。

元散曲創作，最具代表性的作家及作品：有關漢卿，白朴，王實甫，馬致遠，鄭光祖，盧摯，張養浩，喬吉，張可久，徐再思等人。

附：無名氏創作的 "散曲" 十五首

元詩歌創作，最具代表性的作家及作品：有元好問，劉因，趙孟俯，薩都剌，王冕等人。

元詞創作，最具代表性的作家及作品：有元好問，段克己，段成己，劉因，趙孟順，薩都剌等人。

明　朝

　　詩歌發展到明朝，在文體上，已演進三種詩歌樣式，明代承先啓後，治國時間較長，詩，詞，散曲都有很多創作。

　　詩的方面，最具代表性的作家及作品，有劉基，楊基，高啓，李東陽，李夢陽，李攀龍，王世貞，陳子龍，夏完淳等人。

　　詞的方面，最具代表性的作家及作品，有劉基，楊基，高啓，史鑒，楊慎，王世貞，陳子龍，夏完淳等人。

　　散曲方面，最具代表性的作家及作品有，湯式。王九思，唐寅，康海，陳鋒，李開先，馮惟敏等人。

清　朝

　　清代詩歌發展，在 1840 年鴉片戰爭未爆發前，作品變化不大。戰爭爆發後，詩人以詩歌作武器，加入了戰爭行列，詩的形式也在發生變化。

　　詩的方面：最具代表性的作家及作品，有錢謙益，吳偉業，宋琬，施國章，朱彝尊，王士禎，鄭燮，沈德潛，龔自珍，黃遵憲等人。

　　詞的方面：最具代表性的作家及作品，有吳偉業，王士禎，陳維崧，朱彝尊，納蘭性德，龔自珍，王鵬運等人。

　　散曲方面：有吳綺，沈謙，洪昇，孔尙任，徐旭旦，林以甯，趙慶熺等人。

第一篇 周 朝

西周時期

西元前 1122 年，周武王滅紂建周初期，朝廷就設置了一位專管禮樂的太師官，太師官手下訓練了大批采詩人。這些人年老無子，由朝廷提供衣食。派赴各地採集民間詩歌。當時稱（采風）。從鄉到邑，從邑到國，要一級一級的向上呈報，最後送到天子手中。周天子要看這些詩歌的目的，是想知道老百姓心裏在想什麼？讚揚的有哪些？怨恨的有哪些？對朝廷有什麼要求？以便順乎民心，治理天下。這在當時叫"觀風"。

東周春秋時期

時至東周春秋時期，這些從民間採集的詩歌，已有三千多篇，朝廷乃將它送交儒家領導人孔子（前 551-479）整理刪修，最後選定 305 篇。分風、雅、頌三大類成冊，簡稱（詩三百），直到漢武帝時，因朝廷"罷黜百家，獨尊儒術"將（詩三百）列爲經典，故改稱《詩經》。

風有十五國風，這十五國，就是當時十五個諸侯國，（周南、召南、邶、墉，衛、王、鄭、齊、魏、唐、秦、陳、檜、曹、豳）共選有詩歌 160 篇。原爲各地區採集的歌謠（土風），經選入（詩三百）後，演變而成爲各諸侯國的國風。

節選原詩及詩意

周南　關睢

原詩：關關睢鳩，
　　　在河之洲，
　　　窈窕淑女，
　　　君子好逑。

詩意：鳥兒啼鳴真歡暢，
　　　互歌互唱沙灘上，
　　　美貌賢淑的少女，
　　　恰似我的好對象。

召南　鵲巢

原詩：維鵲有巢，
　　　維鳩居之。
　　　之子于歸，
　　　百兩禦之。

詩意：喳喳喜鵲樹築巢，
　　　斑鳩居住不辛苦。
　　　姑娘著裝要出嫁，
　　　架車百輛迎接她。

邶風　擊鼓

原詩：擊鼓其鏜，
　　　踴躍用兵。
　　　土田城漕，
　　　我獨南行。

詩意：鼓兒擂出咚咚聲，
　　　苦練刀槍待衝鋒。
　　　運土築牆修漕城，
　　　唯獨派我往南行。

鄘風　相鼠

原詩：相鼠有皮，
　　　人而無儀。
　　　人而無儀，
　　　人死何為。

詩意：老鼠尚且有張皮，
　　　人卻不能沒威儀。
　　　人既沒有威信在，
　　　活著不死有何益。

衛風　氓

原詩：氓之蚩蚩，
　　　抱布貿絲。

詩意：這人看來真老實，
　　　抱著布匹來換絲。

匪來貿絲，　　　　　　　　不是真的來換絲，
來即我謀。　　　　　　　　是為近我談婚事。

王風　采葛

原詩：彼采葛兮，　　　　　詩意：那人去采葛草，
　　　一日不見，　　　　　　　一日沒有相見，
　　　如三月兮。　　　　　　　好似隔了三月。

鄭風　風雨

原詩：風雨淒淒，　　　　　詩意：風風雨雨寒又涼，
　　　雞鳴喈喈。　　　　　　　雄雞歌唱氣勢昂。
　　　既見君子，　　　　　　　既然己經見了面，
　　　雲胡不夷。　　　　　　　為何說我沒樂樣。

齊風　南山

原詩：南山崔崔，　　　　　詩意：南山嵞嵞險又高，
　　　雄狐綏綏。　　　　　　　雄狐求伴到處找。
　　　魯道有蕩，　　　　　　　魯國道路很平坦，
　　　齊子由歸。　　　　　　　文薑嫁給魯桓公。

魏風　碩鼠

原詩：碩鼠碩鼠，　　　　　詩意：大田鼠啊大田鼠，
　　　無食我黍。　　　　　　　請莫偷吃我的黍。
　　　三歲貫女，　　　　　　　三歲供養慣了你，
　　　莫我肯顧。　　　　　　　從來沒將我照顧。

唐風　山有樞

原詩：山有樞，　　　　　　詩意：山坡上有樞樹，
　　　隰有榆，　　　　　　　　窪地裏有榆木，
　　　子有衣裳，　　　　　　　你有漂亮的服裝，
　　　弗曳弗婁。　　　　　　　不穿不著好糊塗。

子有車馬，　　　　　　　你有車子又有馬，

弗弛弗驅，　　　　　　　不騎不坐卻走路，

宛其死矣，　　　　　　　待到樹枯人死了，

他人是愉。　　　　　　　別人享用多舒服。

秦風　駟驖

原詩：駟驖孔阜，　　　　詩意：四匹黑馬特高大，

　　　六轡在手。　　　　　　　六條繮繩手中拿。

　　　公之媚子，　　　　　　　公爺貼身的親信，

　　　從公於狩。　　　　　　　跟隨公爺把獵打。

陳風　東門之枌

原詩：東門之枌，　　　　詩意：東門外的白榆樹，

　　　宛丘之栩。　　　　　　　宛丘上的柞櫟木。

　　　子仲之子。　　　　　　　子仲家的好姑娘，

　　　婆娑其下。　　　　　　　在樹下蹁躚起舞。

檜風　隰有萇楚

原詩：隰有萇楚，　　　　詩意：羊桃長在窪地裏，

　　　猗儺其枝。　　　　　　　依舊是青枝綠葉。

　　　天之沃沃，　　　　　　　生的幼嫩又光澤，

　　　樂子之無知。　　　　　　羨慕你沒有知覺。

曹風　蜉蝣

原詩：蜉蝣之羽，　　　　詩意：看那蜉蝣的翅膀，

　　　衣裳楚楚。　　　　　　　好像考究的衣裳。

　　　心之憂矣，　　　　　　　心裏實在發愁啊，

　　　於我歸處。　　　　　　　歸宿在什麼地方？

豳風　鴟鴞

原詩：鴟鴞鴟鴞，　　　　詩意：貓頭鷹啊貓頭鷹，

既取我子。	你已誘走我兒子。
無毀我室，	不要再毀我的家，
恩斯勤斯。	我為它勞苦辛勤。
鬻子之閔斯！	年幼的孩子得關心！

（二）雅

雅分大雅和小雅兩部分，大雅全是貴族官吏詩歌，小雅多為民間歌謠。共有詩歌 105 篇。

小雅 采薇

原詩：昔我往矣，	詩意：當初我離家裏時，
楊柳依依。	楊樹依依把人戀。
今我來思，	現在我將歸來時。
雨雪霏霏，	大雪紛飛把人攔。

大雅 綿

原詩：古公亶父，	詩意：大王古公亶父，
來朝走馬。	迎朝陽馳騁戰馬。
率西水滸，	從西邊漆水岸旁，
至於歧下。	來到了歧山腳下。
爰及薑女，	他偕同姜氏夫人。
聿來胥宇，	前來把住地規劃。

（三）頌

頌是舞曲，天子在宗廟舉行祭祀大典時演奏的歌曲分周，魯，商三頌。共有詩歌 40 篇。

周頌 天作

原詩：天作高山，	詩意：天生歧山好雄偉，
大王荒之。	大王手下更寬廣。
彼作矣，	萬民在此種陽春，

文王康之。	文王在此安國邦。
彼徂矣歧。	歸周之心喜洋洋。
有夷之行,	歧山大道真平坦,
子孫保之。	子孫保衛守封疆。

魯頌 閟宮

原詩：閟宮有侐,	詩意：姜源神廟肅穆清靜,
實實枚枚。	寬敞明亮閒人免進。
赫赫姜嫄,	薑嫄為人光明正大,
其德不回。	大公無私品德純正。

商頌 烈祖

原詩：嗟嗟烈祖,	詩意：我那光榮的祖先,
有秩斯祜。	不斷降下齊天洪福。
申錫無疆,	無窮無盡重重賞賜,
及爾斯所。	恩澤遍及宋的領土。

東周戰國時期

《楚辭》中的（離騷）是我國最早最長的一篇抒情詩。戰國時期屈原代表作。作者當時正被楚懷王疏遠，故作此詩抒發心中的憂愁。

詩歌前半段中，反復傾訴其對楚國命運的關懷。表達了要求革新政治的願望和堅持的影響。雖逢災厄，也決不與邪惡勢力妥協。後半段又通過神遊天上，追求理想的現實。失敗後欲以身殉的陳述。反映他熱愛祖國的感情。作品還運用美人香草的比喻。大量的神話傳說和豐富的想像，形成絢爛的文采和宏偉的結構。表現出積極浪漫主義精神。對後世文學（詩歌）有深遠的影響。

屈原（前 340-278）名平字原，戰國時期文學家，初輔佐楚懷王做過左徒三閭大夫。他創作的詩歌主要有（離騷）（九歌）（九章）（天問）等篇。其中（離騷）在中國文學史上是一篇最早最長的抒情詩。發揮了創作最高成就。漢代司馬遷在史記中說：屈原的（離騷）可與日月爭光。

附原詩及詩意

原詩：

帝高陽之苗裔兮，	朕皇考曰伯庸。
攝提貞于孟陬兮，	惟庚寅吾以降。
皇覽揆余初度兮，	肇錫餘以嘉名。
名餘曰正則兮。	字餘曰靈均。
紛吾既有此內美兮，	又重之以修能。
扈江離與辟芷兮，	紉秋蘭以為佩。
汩餘若將不及兮，	恐年歲之不吾與。
朝搴阰之木蘭兮，	夕攬洲之宿莽。
日月忽其不淹兮，	春與秋其代序。
惟草木之零落兮，	恐美人之遲暮。
不撫壯而棄穢兮，	何不改乎此度？
乘騏驥以馳騁兮，	來吾道夫先路！

詩意：

我本是古帝高陽的後代，已故的父親號為伯庸。

就在寅年的正月，我出生的那一天又值庚寅。

先父測度了我吉利的生辰，賜給我如下美名。

起名叫正則，命字叫靈均。

我既有如此眾多的美質，又在外部努力修為。

全身披了江離和薜芷，再掛上成串的秋蘭作為飾佩。

時光荏冉我惟恐失去，只恨年歲不再延長。

早上摘采土坡的木蘭，傍晚再攬回沙洲的宿莽。

時光流逝不稍停留，春夏秋冬交換著順序。

擔憂香草經冬而凋謝，恐怕心中的美人已屆衰暮。

好乘壯年及時修正錯誤，您為何不改已錯的法度！

願您騎快馬飛奔吧，來，我在前為您引路！

原詩：

昔三後之純粹兮，固眾芳之所在。

雜申椒與菌桂兮，豈惟紉夫蕙茝？

彼堯舜之耿介兮，既遵道而得路。

何桀紂之猖披兮，夫惟捷徑以窘步。

惟夫黨人之偷樂兮，路幽昧以險隘。

豈餘身之憚殃兮，恐皇輿之敗績。

忽奔走以先後兮，及前王之踵武。

荃不察餘之中情兮，反信讒而齌怒。

餘固知謇謇之為患兮，忍而不能舍也。

指九天以為正兮，夫惟靈修之故也！

曰黃昏以為期兮，羌中道而改路。

初既與余成言兮，後悔遁而有他。

餘既不難夫離別兮，傷靈修之數化。

詩意：

三王的德行何其完美，因此有眾多的賢臣擁護他們。

就似交雜了申椒和菌桂，不僅是將蕙茝佩帶在身。

堯舜二帝多麼耿直啊，他的大臣方能沿大道前進；

桀紂多麼狂邪啊，只想走邪路卻寸步難行。

當時的黨人苟且偷樂，國家前途幽險不明。

豈是我害怕禍患加身？只是替皇輿的前途憂心。

我匆匆奔走在車駕的前後，緊緊步國君的後塵。

可惜那荃草不明我心，反而信讒言大怒衝衝。

我本知忠貞必然養患，有意出走卻於心不忍。

手指高天替我作證吧，如此忠貞只為楚王的緣故！

說好了黃昏相會，不料半路上改道他行。

起初已與我相約為期，隨後即悔變逃遁。

我本不難別離此地，只是他數次變化令我傷心。

原詩：

餘既滋蘭之九畹兮，又樹蕙之百畝。

畦留夷與揭車兮，雜杜衡與芳芷。

冀枝葉之峻茂兮，願竢時乎吾將刈。

雖萎絕其亦何傷兮，哀眾芳之蕪穢。

眾皆競進以貪婪兮，憑不厭乎求索。

羌內恕已以量人兮，各興心而嫉妒。

忽馳騖以追逐兮，非餘心之所急。

老冉冉其將至兮，恐修名之不立。

朝飲木蘭之墜露兮，夕餐秋菊之落英。

苟餘情其信姱以練要兮，長顑頷亦何傷。

攬木根以結茝兮，貫薜荔之落蕊。

矯菌桂以紉蕙兮，索胡繩之纚纚。

謇吾法夫前修兮，非世俗之所服。

雖不周於今之人兮，願依彭咸之遺則。

詩意：

我既已種好蘭花九畹，又栽培了蕙蘭百畝。

田園裏既有留夷與揭車，有雜種了杜衡和芳芷。
本希望她們枝高葉茂，更願來按時收取。
雖然枯死豈用感傷，只歎其遭受蕪穢。
眾人爭進而貪婪不足，雖己如願仍在索求。
寬恕自己而苛求他人，各自心生嫉妒。
急匆匆馳騁追逐名利，我卻不願與其爭競。
衰老漸漸就要到來，惟恐不立美好之名。
晨飲木蘭的墜露，晚餐秋菊的嫩英。
我的內心美好而堅定，餓得面黃肌瘦也自甘心。
攬取木蘭之根聯綴了芷草，再貫穿薜荔香草的花蕊。
手舉著菌桂串起蕙蘭，再搓好聯綴不斷的胡繩。
我忠誠效法前賢之行，這些並非世俗慣用。
雖不被世俗容忍，甯效彭鹹而死也不改初衷。

原詩：

長太息以掩涕兮，哀民生之多艱！
余雖好修姱以鞿羈兮，謇朝誶而夕替。
既替餘以蕙纕兮，又申之以攬茝。
亦餘心之所善兮，雖九死其猶未悔。
怨靈修之浩蕩兮，終不察夫民心。
眾女嫉餘之蛾眉兮，謠諑謂餘以善淫。
固時俗之工巧兮，偭規矩而改錯。
背繩墨以追曲兮，競周容以為度。
忳鬱邑餘侘傺兮，吾獨窮困乎此時也。
寧溘死以流亡兮，餘不忍為此態也！
鷙鳥之不群兮，自前世而固然。
何方圜之能周兮，夫孰異道而相安？

屈心而抑志兮，忍尤而攘詬。

伏清白以死直兮，固前聖之所厚。

悔相道之不察兮，延佇乎吾將反。

回朕車以復路兮，及行迷之未遠。

詩意：

我長長地歎息啊掩拭涕淚，哀歎人生多麼艱苦。

雖然加強修養自我約束，早晨受讒言晚上即被放逐。

既詆毀我佩帶蕙蘭香囊，又誹謗我收攬芳芷。

這確是我本心所愛好，即使去死也不改悔。

抱怨君王你太過糊塗，終究不體察我的苦心。

醜女們嫉妒我美麗的蛾眉，造謠誣謗我善於獻淫。

實在是世俗工於機巧，棄置常理而追逐名利。

背棄正直而取納邪曲，競相苟合成為常理。

滯結了憂鬱不遂初心，為何煢煢然困於此時？

寧可速死而順流漂逝，實在不忍苟活此世！

鷙鳥高傲孤飛不群，自是前世本性所定。

方和圓怎能苟合，志道不同哪可相容？

委屈心靈壓抑了志向，忍受責備和恥辱。

堅守清白為正直之道而死，本來是前聖所嘉許。

深悔對前君輔佐不明，再三審視後我抉定返回舊途。

回轉我的車駕歸於原路，乘迷失尚不甚遠早早悔悟。

原詩：

步余馬於蘭皋兮，馳椒丘且焉止息。

進不入以離尤兮，退將復修吾初服。

制芰荷以為衣兮，集芙蓉以為裳。

不吾知其亦已兮，苟餘情其信芳。

高餘冠之岌岌兮，長餘佩之陸離。

芳與澤其雜糅兮，唯昭質其猶未虧。

忽反顧以遊目兮，將往觀乎四荒。

佩繽紛其繁飾兮，芳菲菲其彌章。

民生各有所樂兮，余獨好修以為常。

雖體解吾猶未變兮，豈餘心之可懲！

詩意：

將馬兒放養在蘭皋，然後馳騁椒丘止息。

進諫不納反受指責，我只好退而重修當初的服飾。

用芰荷作為上衣，集芙蓉以為裙裳。

不瞭解我也就罷了，只要我的內情芬芳。

將我的花冠戴得高高，把我的蘭佩打扮得光彩陸離。

芳香與光澤雜處一體，高潔的品質尚未損虧。

忽然回首極目遠視，心想觀看遙遠的地方。

我的佩飾多麼繁華啊，芳香濃烈更加顯著。

人生一世各有所好，我只愛好修飾猶如尋常。

雖然身死而不可變更，我的內心訣不怨恨。

原詩：

女嬃之嬋媛兮，申申其詈予。

曰：“鯀婞直以亡身兮，終然殀乎羽之野。

汝何博謇而好修兮，紛獨有此姱節？

薋菉葹以盈室兮，判獨離而不服？

眾不可戶說兮，孰云察餘之中情？

世並舉而好朋兮，夫何煢獨而不予聽？

依前聖以節中兮，喟憑心而歷茲。

濟沅，湘以南征兮，就重華而陳詞：

"啟《九辯》與《九歌》兮，夏康娛以自縱。

不顧難以圖後兮，五子用失乎家巷。

羿淫遊以佚畋兮，又好射夫封狐。

固亂流其鮮終兮，浞又貪夫厥家。

澆身被服強圉兮，縱欲而不忍。

日康娛而自忘兮，厥首用夫顛隕。

夏桀之常違兮，乃遂焉而逢殃。

後辛之菹醢兮，殷宗用而不長。

湯禹儼而祇敬兮，周論道而莫差。

舉賢而授能兮，循繩墨而不頗。

皇天無私阿兮，覽民德焉錯輔。

夫維聖哲以茂行兮，苟得用此下土。

瞻前而顧後兮，相觀民之計極。

夫孰非義而可用兮，孰非善而可服？

阽余身而危死兮，覽余初其猶未悔。

不量鑿而正枘兮，固前修以菹醢。"

詩意：

女嬃氣喘吁吁，將我反復斥責。

說：“鯀剛直因而亡身，被殺死在羽山之野。

你為何如此忠直修善，獨自擁有紛繁美好的節操？

滿室集聚眾多惡草，為何你獨自不服？

俗人不可一家家勸說，誰說能察明我的衷情？

舉世都愛好朋比為奸，你為何孤獨不把我的話聽？”

我度量前聖的準則，憂憤慨歎苟活到此時。

南渡過沅湘二水，在舜帝的陵前陳述言辭：

“啟偷竊《九辯》與《九歌》，在人間自娛放縱。

不顧危難防止後患，因此造成五子內哄。

後羿淫樂而放蕩，又好射獵大狐。

本來荒淫之輩難得善終，寒浞有貪圖他的妻室。

澆身著厚厚鎧甲。因此他放縱而不忍。

每日娛樂而忘形，終於被少康取走首級。

夏桀處事違反常規，於是他遭受災殃。

商紂王將梅伯做成肉醬，殷的命運因而不得久長。

商湯夏禹敬畏天意，周初的聖王們遵循大道而行。

舉薦賢臣授權能人，遵守規矩沒有偏頗。

皇天本無偏私之心，憑統治君王的德行而決定輔佐。

只有聖哲才峻茂的德行，方才配得上統治天下之土。

先賢們處事瞻前而顧後，用以觀察治理人世的策略。

誰人不義可用民心？哪個君王不善而使天下稱臣？

我的身體雖臨近死亡，回思初衷仍不後悔。

前賢們不自量力而直諫，因此才被暴君殺死。

原詩：

曾歔欷餘鬱邑兮，哀朕時之不當。

攬茹蕙以掩涕兮，沾餘襟之浪浪。

跪敷衽以陳辭兮，耿吾既得此中正。

駟玉虯以乘鷖兮，溘埃風餘上征。

朝發軔於蒼梧兮，夕餘至乎懸圃。

欲少留此靈瑣兮，日忽忽其將暮。

吾令羲和弭節兮，望崦嵫而勿迫。

路曼曼其修遠兮，吾將上下而求索。

飲余馬于咸池兮，總餘轡乎扶桑。

折若木以拂日兮，聊逍遙以相羊。

前望舒使先驅兮，後飛廉使奔屬。
鸞皇為餘先戒兮，雷師告餘以未具。
吾令鳳鳥飛騰兮，繼之以日夜。
飄風屯其相離兮，帥雲霓而來禦。
紛總總其離合兮，斑陸離其上下。
吾令帝閽開關兮，倚閶闔而望予。
時曖曖其將罷兮，結幽蘭而延佇。
世溷濁而不分兮，好蔽美而嫉妒。
朝吾將濟於白水兮，登閬風而緤馬。
忽反顧以流涕兮，哀高丘之無女。

詩意：

我涕泣不斷心中抑鬱，暗自哀痛生不逢時。
拔取柔紉的蕙草拭淚，泣下沾襟漣漣不止。
恭敬地向舜帝跪述言辭，自幸得到中正之理。
四龍駕起華麗的鸞車，忽然間乘著風塵上天遠征。
早晨在蒼梧啟軔始行，傍晚我已到懸圃山中。
心想在此叩宮暫留，太陽西垂已至黃昏。
我令義和停車歇腳，遠望崦嵫再勿迫近。
長路漫漫多麼遙遠，我將天上地下繼續追尋。
在日落的咸池飲馬休息，在日出的扶桑拴住轡繩。
折下若木拭拂太陽，聊且逍遙按捺悲情。
前面使望舒駕月馳驅，後面使飛廉禦風跟蹤。
鸞凰在前為我警戒，雷師卻告我行裝不全。
我令鳳鳥禦風飛騰，夜以繼日不停前行。
旋風集聚不停打轉，率領雲彩前來歡迎。
祥雲滾滾離合聚散，斑駁陸離上下湧動。

我令守關之神快快開門，他卻斜倚門框把我打量。

時光昏暗日頭將落，手握幽蘭在外徜徉。

世俗渾濁美醜不分，掩蔽美好產生妒心。

早晨我將橫渡白水，期望登上閬風系馬止程。

忽然間回望家鄉流涕不止，哀歎昆侖山頂也無美人。

原詩：

溘吾遊此春宮兮，折瓊枝以繼佩。

及榮華之未落兮，相下女之可詒。

吾令豐隆乘雲兮，求宓妃之所在。

解佩纕以結言兮，吾令蹇修以為理。

紛總總其離合兮，忽緯繣其難遷。

夕歸次於窮石兮，朝濯髮乎洧盤。

保厥美以驕傲兮，日康娛以淫遊。

雖信美而無禮兮，來違棄而改求！

覽相觀於四極兮，周流乎天餘乃下。

望瑤台之偃蹇兮，見有娀之佚女。

吾令鴆為媒兮，鴆告餘以不好。

雄鳩之鳴逝兮。餘猶惡其佻巧。

心猶豫而狐疑兮，欲自適而不可。

鳳皇既受詒兮，恐高辛之先我。

欲遠集而無所止兮，聊浮游以逍遙。

及少康之未家兮，留有虞之二姚。

理弱而媒拙兮，恐導言之不固。

世溷濁而嫉賢兮，好蔽美而稱惡。

閨中既以邃遠兮，哲王又不寤。

懷朕情而不發兮，餘焉能忍而與此終古。

詩意：

　　我匆匆遊覽了春宮，折瓊樹之枝彌續佩飾。

　　乘瓊花尚未凋落，尋找可贈此花的侍女。

　　於是令雷神平隆乘雲而去，探尋宓妃的居處。

　　解下香囊用以交好，又令蹇修前往說合。

　　宓妃的侍女如雲集聚，轉眼間違拗了媒理之言。

　　暮色中歸宿在窮石之國，次晨又洗濯在洧盤之源。

　　宓妃恃其美質而驕傲，日日娛樂四處冶遊。

　　雖然很美卻無禮數，背離她吧，到別處追求。

　　我觀覽了四面八方，周遊了上天才降到人間。

　　遠望瑤台多麼高峻，只見有娀氏之女。

　　我令鳩去作媒，鳩回告我說女子不好。

　　雄鳩鳴叫著要去作媒理，我卻嫌其輕佻。

　　心內猶豫不決，想親自上門又覺不妥。

　　鳳凰既受高辛氏之托，擔心他先我去遊說。

　　意欲遠去又無所居，只有暫且徘徊逍遙。

　　乘少康尚未成家，有心留下有虞國君的二女。

　　可惜媒的言辭笨拙，恐怕他傳言無效。

　　世俗渾濁嫉賢妒能，專好稱頌醜惡掩蔽美好。

　　閨中美人已深不可求，明智的君王偏偏不曾醒悟。

　　內心鬱積不便抒發，怎能與世俗長久為伍！

原詩：

　　索藑茅以莚篿兮，命靈氛為餘占之。

　　曰：「兩美其必合兮，孰信修而慕之？

　　思九州之博大兮，豈唯是其有女？」

　　曰：「勉遠逝而無狐疑兮，孰求美而釋女？

何所獨無芳草兮，爾何懷乎故宇？"

世幽昧以眩曜兮，孰云察餘之善惡？

民好惡其不同兮，惟此黨人其獨異。

戶服艾以盈要兮，謂幽蘭其不可佩。

覽察草木其猶未得兮，豈珵美之能當？

蘇糞壤以充幃兮，謂申椒其不芳。

欲從靈氛之吉占兮，心猶豫而狐疑。

巫咸將夕降兮，懷椒糈而要之。

百神翳其備降兮，九疑繽其並迎。

皇剡剡其揚靈兮，告余以吉故。

曰："勉升降以上下兮，求矩矱之所同。

湯禹儼而求合兮，摯咎繇而能調。

苟中情其好修兮，又何必用夫行媒？

說操築于傅岩兮，武丁用而不疑。

呂望之鼓刀兮，遭周文而得舉。

甯戚之謳歌兮，齊桓聞以該輔。"

詩意：

尋來靈草用以占卜，命令靈氛為我預測。

卦辭說："兩種美質必然遇合，誰真正美好而無人美慕？

那九州何其廣大，只是這裏有你追慕的美女？"

又說："勉力而去吧不要猶豫，愛才的君王哪會棄你不顧？

哪里又無香草，為何總是掛念著家國故土？"

世道幽暗而眼光迷亂，誰可察知我的美善？

人們的好惡各不相同，惟有這些黨人獨特怪異。

家家纏繞滿腰的艾草，卻說幽蘭不可佩。

連草木都難以識別，哪里能知道珵玉的價值？

就似取了糞土填充香囊，卻說申地的椒實不芳。

我想服從靈氛的吉占，心內又猶豫懷疑。

巫鹹將在傍晚降臨，又懷揣著椒和糈求之。

眾神紛紛自天而下，九疑之神齊往迎接。

神靈閃閃發光紛紛，忠告我吉祥的原故。

說：「努力上下探索吧！去尋求政見相同的明君。

湯和禹真心尋求合心的賢才，摯咎繇君臣多麼協調。

假如你真正愛好美德，又何別用那些媒理？

傳說當年在傅岩築牆，武丁照樣用而不疑。

呂望在屠市上擊刀而歌，遇到文王得以重用。

甯戚夜半謳歌抒情，齊桓公就薦他做輔佐大臣。」

原詩：

及年歲之未晏兮，時亦猶其未央。

恐鵜一之先鳴兮，使夫百草為之不芳。

何瓊佩之偃蹇兮，眾薆然而蔽之。

惟此黨人之不諒兮，恐嫉妒而折之。

時繽紛其變易兮，又何可以淹留！

蘭芷變而不芳兮，荃蕙化而為茅。

何昔日之芳草兮，今直為此蕭艾也！

豈其他故兮，莫好修之害也。

餘以蘭為可恃兮，羌無實而容長。

委厥美以從俗兮，苟得列乎眾芳。

椒專佞以慢慆兮，樧又欲充夫佩幃。

既幹進而務入兮，又何芳之能祗？

固時俗之流從兮，又孰能無變化？

覽椒蘭其若茲兮，又況揭車與江離！

惟茲佩之可貴兮，委厥美而歷茲。

芳菲菲而難虧兮。芬至今猶未沬。

和調度以自娛兮，聊浮游而求女。

及余飾之方壯兮，周流觀乎上下。

靈氛既告余以吉占兮，歷吉日乎吾將行。

折瓊枝以為羞兮，精瓊靡以為粻。

為餘駕飛龍兮，雜瑤象以為車。

何離心之可同兮，吾將遠逝以自疏。

詩意：

乘年歲尚未衰老，時運尚且未盡。

惟恐鵜鴂先已鳴叫，秋天裏百草不再芬芳。

我的瓊佩多麼高峻，眾黨人卻紛紛將它掩蔽。

這些黨人不肯理解我，心恐其嫉妒而折毀我的志向。

時勢變化錯亂，怎麼可以在故國久留？

蘭芷衰變已經不香，荃蕙轉化為茅草。

為何昔日的芳草，今日竟為尋常的蕭艾？

豈是其他原故啊，是不好修美所遺害。

我本以為蘭是可依憑的，不料只是貌美而無實。

甘願委棄美質而從俗，只是苟且排列在眾芳之中。

椒專門媚巧而放縱，樧草充實在佩囊。

既然要一心鑽營虛榮，有怎能珍重品行芬芳？

固然世俗都追求富貴，什麼芳草能沒有變化？

看到椒蘭二草已是如此，更何況揭車與江離！

只有我的佩飾如此高貴，美質被委棄仍堅貞到此。

芳香濃烈難以虧損，四處飄散不曾泯滅。

和協內心聊且自娛，四處尋求心中的美女。

乘我的修飾尚且壯美，還是上下尋求心中的聖主。

靈氛已告我吉祥的占卜，選擇好日子我將遠行。

折瓊枝作為美肴，搗碎瓊靡作為食糧。

為我駕起飛龍而騰起，美玉象牙交飾我的車，

離心離德者怎能同行，我誓將遠逝而疏遠他們。

原詩：

邅吾道夫昆侖兮，路修遠以周流。

揚雲霓之晻藹兮，鳴玉鸞之啾啾。

朝發軔于天津兮，夕餘至乎西極。

鳳皇翼其承旂兮，高翱翔之翼翼。

忽吾行此流沙兮，遵赤水而容與。

麾蛟龍使梁津兮，詔西皇使涉予。

路修遠以多艱兮，騰眾車使徑待。

路不周以左轉兮，指西海以為期。

屯餘車其千乘兮，齊玉軑而並馳。

駕八龍之婉婉兮，載雲旗之委蛇。

抑志而弭節兮，神高馳之邈邈。

奏《九歌》而舞《韶》兮，聊假日以媮樂。

陟升皇之赫戲兮，忽臨睨夫舊鄉。

仆夫悲餘馬懷兮，蜷局顧而不行。

亂曰：「已矣哉！國無人莫我知兮，又何懷乎故都？

既莫足與為美政兮，吾將從彭咸之所居！」

詩意：

轉道向昆侖山行進，道路漫長苦苦求索。

旌旗飛揚遮天蔽日，車鈴和鳴聲響啾啾。

早晨在天津發車，晚上到達西極。

鳳凰展翅如舉著龍蛇大旗，高高翱翔兩翅齊齊。

忽然間已到流沙之地，再沿著赤水漫漫行進。

指揮著蛟龍渡過橋樑，告訴西皇使我涉過赤水。

道路長遠艱難多多，傳令眾車隊慎重等待。

路經不周山然後左轉，直指西海作為目的地。

我的車隊聚屯了千輛，聚集後玉輪並駕齊弛。

駕車的八龍婉蜒如陣，車載的的旌旗曲折逶迤。

抑制住旗幟停下了車輪，注目遠望令我神馳。

奏起九歌舞起韶樂，聊且假時日而娛樂。

升至皇天陽光閃耀，忽然間反顧望見故鄉。

仆夫悲愴馬兒也惓戀，蜷曲回首不肯前行。

尾聲：

算了吧！國中無人，不瞭解我啊，為什麼一定懷戀故都？

既然不足以共謀美政，我寧可從彭鹹而逝去！

。

第二篇　秦　漢

一、秦　朝

西元前 221 年，秦王嬴政統一六國建立秦朝，改王為皇帝。采中央集權制。傳二世，至西元前 206 年滅亡，僅維持了 14 年。

秦始皇是一個暴虐的皇帝。他推行的焚書坑儒政策，使中華文化遭受巨大的損失，這個損失將是我們永遠無法彌補的。

他焚的是什麼書？當時焚書令規定：除了秦國的醫藥，卜卦，種樹，法令等書籍外，六國史書及民間私藏詩書。百家言論籍，一律交出來燒掉。如有違令者，處以黥刑，並罰做四年苦役。他坑的是從各國招賢引進的儒生，認定其中 460 多人借古諷今，誹謗朝廷，而遭到活埋。

秦朝文人除李斯外，無文學家及詩歌傳世

二、西漢建立初期

西元前 202 年，漢王劉邦雖出身市井，但對詩歌非常重視與喜愛，曾置酒沛宮，悉召父老子弟縱酒、並教之歌、酒酣，擊筑自作大風歌曰「大風起兮雲飛揚，威加海內兮歸故鄉，安得猛士兮守四方。」及其即帝位，朝廷設樂府為掌管

詩歌單位，惠帝時置樂府令，武帝時，規模再擴大，樂府有郊廟歌辭，鼓吹曲辭，相和歌辭和雜曲歌辭等類。郊廟歌辭是統治者祭祀用的樂歌，鼓吹曲辭，原是軍歌，後用於宮廷朝會，貴族出行等場合。相和和雜曲兩歌辭則爲各地採集的民間歌謠，辭中含有反映人民疾苦的作品。

三、西漢武帝時期

西元前 140 年，漢武帝劉徹繼承皇位。雄才大略的漢武帝，偏愛一種 "賦" 的文學，對當時司馬相如所作的（子虛賦）（上林賦）大爲讚賞，並給予封官。

"賦" 是一種很特別的文學體裁，它既像詩，又像散文，說它像詩，因爲要押韻，講究對仗，說它像散文，是因爲它在寫法上撒得開，沒有那麼精練。這種文學，在東西兩漢世代相傳了四百年，最後產生了一種貴族化的宮廷文學。無形中，阻止了詩歌與散文的自由發展。

四、東漢建安時期

東漢末年，曹操進位丞相後，深感朝廷文化多年來受到漢賦的影響，只重形式上的虛浮華麗，不求真實，乃下令改革，帶領兒子曹丕，曹植，身體力行，發揮了表率作用，最後在詩歌與散文方面都開創了新的途徑，在歷史上留下了建安文學繁榮昌盛的局面，並產生了建安七子。

曹操（155-220）字孟德，漢末文學家，政治家，曾任兗州牧，後進位爲丞相，善詩歌。他的作品都在抒發自己的政治抱負與反映當時人民苦難的生活，氣魄雄偉，慷慨悲涼。請看他的膾炙人口的詩歌：

蒿裏行

　　關東有義士，興兵討群凶。初期會孟津，乃心在咸陽。
　　軍合力不齊，躊躇而雁行。勢利使人爭，嗣還自相戕。
　　淮海弟稱號，刻璽於北方。鎧甲生蟣虱，萬姓以死亡。
　　白骨露於野，千里無雞鳴。生民百遺一，念之斷人腸。

觀滄海

　　東臨碣石，以觀滄海。水何淡淡，山島竦峙。
　　樹木叢生，百草豐茂。秋風蕭瑟，洪波湧起。
　　日月之行，若出其中。星漢燦爛，若出其裏。
　　幸甚至哉，歌以詠志。

神龜雖壽

　　神龜雖壽，猶有竟時；騰蛇乘霧，終為土灰。
　　老驥伏櫪，志在千里；烈士暮年，壯心不已。
　　盈縮之期，不但在天；養怡之福，可得永年。
　　幸甚至哉，歌以詠志。

短歌行

　　對酒當歌，人生幾何？譬如朝露，去日苦多。
　　慨當以慷，憂思難忘。何以解憂？惟有杜康。
　　青青子衿，悠悠我心。但為君故，沉吟至今。
　　呦呦鹿鳴，食野之蘋。我有嘉賓，鼓瑟吹笙。
　　明明如月，何時可掇？憂從中來，不可斷絕。
　　越陌度阡，枉用相存。契闊談宴，心念舊恩。
　　月明星稀，烏鵲南飛。繞樹三匝，何枝可依？
　　山不厭高，海不厭深。周公吐哺，天下歸心。

建安七子詩歌：最具代表性的有王粲、劉楨、徐幹三人。

王粲（177-217）字仲宣，漢末文學家，先依劉表、未

受重用、後爲曹操幕僚，官侍中，爲“建安七子”之一，是
鄴下文學集團重要人物之一。特選其部分作品如下：

從軍詩

從軍征遐路，討彼東南夷，方舟順廣川，薄暮未安坻。
白日半西山，桑梓有餘暉，蟋蟀夾岸鳴，孤鳥翩翩飛。
征夫心多懷，惻愴令吾悲，下船登高防，草露沾我衣。
回身赴床寢。此愁當告誰？身服干戈事。豈得念所私。
即戎有授命，茲理不可違。

雜　詩

日暮游西園，冀寫憂思情。曲池揚素波，列樹敷丹榮。
上有特棲鳥，懷春向我鳴。褰衽欲從之，路險不得征。
徘徊不能去，佇立望爾形。風飈揚塵起，白日忽已冥。
回身入空房，托夢通精誠。人欲天不違，何懼不合併？

七哀詩（一）

西京亂無象，豺虎方遘患。復棄中國去，委身適荊蠻。
親戚對我悲，朋友相迫攀。出門無所見，白骨蔽平原。
路有饑婦人，抱子棄草間。顧聞號泣聲，揮涕獨不還。
“未知身死處，何能兩相完”？驅馬棄之去，不忍聽
此言。南登霸陵岸，回首望長安。悟彼下泉人，喟然
傷心肝。

七哀詩（二）

荊蠻非我鄉，何爲久滯淫？方舟訴大江，日暮愁我心。
山岡有餘映，岩阿增重陰。狐狸馳赴穴，飛鳥翔故林。
流波激清響，猴猿臨岸吟。迅風拂裳袂，白露沾衣襟。
獨夜不能寐，攝衣起撫琴。絲桐感人情，爲我發悲音。
羈旅無終極，憂思壯難任。

劉楨（?-217）字公幹。漢末文學家，“建安七子”之一，為曹操丞相椽屬。其五言詩在當時負有重名。詩風勁挺，注重氣勢。作品如下：

贈從弟（一）

泛泛東流水，磷磷水中石。萍藻生其涯，華葉紛擾溺。
采之薦宗廟，可以羞嘉客，豈無園中葵？懿此出探澤。

贈從弟（二）

亭亭山上松，瑟瑟谷中風。風聲一何盛，松枝一何勁！
冰霜正慘凄，終歲常端正。豈不罹凝寒？松柏有本性。

贈從弟（三）

鳳凰集南嶽，徘徊孤竹根。於心有不厭，奮翅凌紫氛。
豈不常勤苦？羞與黃雀群。何時當來儀，將須聖明君。

徐幹（171-218）字偉長，“建安七子”之一，東漢末哲學家，文學家。曾為曹操五官中郎將文學，不慕榮祿，述作自娛。

情　詩

高殿鬱崇崇，廣廈凄冷冷。微風起閨闥，落日照階庭。
踟躕雲屋下，嘯歌倚華楹。君行殊不返，我飾為誰容。
爐熏闔不用，鏡匣上塵生。綺羅失常色，金翠暗無精。
嘉肴既忘御，旨酒亦常停。顧瞻空寂寂，唯聞燕雀聲。
憂思連相屬，中心如宿酲。

室思（一）

沉陰結愁憂，愁憂為誰興？念與君相別，各在天一方。
良會未有期，中心摧且傷。不聊憂飧食，謙謙常饑空。
端坐而無為，仿佛君容光。

室思（二）

浮雲何洋洋，願因通我辭。飄颻不可寄，徙倚徒相思。

人離皆復會，君獨無返期。自君之出矣，明鏡暗不治。

思君如流水，何有窮已時。

室思（三）

人靡不有初，想君能終之。別來歷年歲，舊恩何可期。

重新而忘故，君子所尤譏。寄身雖在遠，豈忘君須臾。

既厚不為薄，想君時見思。

五、兩漢樂府民歌

兩漢樂府民歌：最具代表性的十五從軍征、陌上桑、小麥謠、孔雀東南飛四首。

十五從軍征

十五從軍征，八十始得歸。道逢鄉里人，家中有阿誰？

遙望是君家，松柏冢累累。兔從狗竇入，雉從梁上飛。

中庭生旅穀，井上生旅葵，舂穀持作飯，采葵持作羹。

羹飯一時熟，不知貽阿誰？出門東西望，淚落沾我衣。

陌上桑

日出東南隅，照我秦氏樓。秦氏有好女，自名為羅敷。

羅敷喜蠶桑，采桑城南隅。青絲為籠系，桂枝為籠鉤。

頭上倭墮髻，耳中明月珠；緗綺為下裙，紫綺為上襦。

行者見羅敷，下擔捋髭鬚。少者見羅敷，脫帽著帩頭。

耕者忘其犁，鋤者忘其鋤，來歸相怨怒，但坐觀羅敷。

小麥謠

小麥青青大麥枯，誰當獲者婦與姑。

丈夫何在西擊胡，吏買馬，君具車。

請為諸君鼓嚨胡。

孔雀東南飛

這首敍事五言詩，敍述焦仲卿和其妻劉蘭芝婚姻悲劇的過程及原因，有力地控訴了封建禮教的罪惡，歌頌愛情忠貞不渝的品格，是我國古代詩歌史上最偉大的敍事長詩。

詩前有一段小序：漢末建安中，廬江府小吏焦仲卿妻劉氏為仲卿母所遣。自誓不嫁，其家逼之，乃投水而死。仲卿聞之，亦自縊於庭樹。時人傷之，為詩云爾。

附原詩：

孔雀東南飛，五裏一徘徊。十三能織素，十四學裁衣，十五彈箜篌，十六誦詩書。十七為君婦，心中常苦悲。君既為府吏，守節情不移。賤妾留空房，相見常日稀。雞鳴入機織，夜夜不得息。三日斷五匹，大人故嫌遲。非為織作遲，君家婦難為！妾不堪驅使，徒留無所施。便可白公姥，及時相遣歸。

府吏得聞之，堂上啟阿母：兒已薄祿相，幸復得此婦。結髮同枕席。黃泉共為友。共事二三年，始爾末為久。女行無偏斜，何意致不厚？阿母謂府吏：何乃太區區！此婦無禮節，舉動自專由。吾意久懷忿，汝豈得自由！東家有賢女，自名秦羅敷。可憐體無比，阿母為汝求。便可速遣之，遣去慎莫留！府吏長跪告，伏惟啟阿母：今若遣此婦，終老不復娶！阿母得聞之，槌床便大怒：小子無所畏。何敢助婦語！吾已失恩義，會不相從許！

府吏默無聲，再拜還入戶。舉言謂新婦，哽咽不能語：

我自不驅卿，逼迫有阿母。卿但暫還家，吾今且報府。
不久將歸還，還必相迎娶。以此下心意，慎勿違吾語。
新婦謂府吏：勿復重紛紜！往昔初陽歲，謝家來貴門。
奉事循公姥，進止敢自專？晝夜勤作息，伶俜縈苦辛。
謂言無罪過，供養卒大恩。仍更被驅遣，何言復來還！
妾有繡腰襦，葳蕤自生光。紅羅複斗帳，四角垂香囊。
箱簾六七十，綠碧青絲繩。物物各自異，種種在其中。
人賤物亦鄙，不足迎後人。留待作遺施，於今無會因。
時時為安慰，久久莫相忘。

雞鳴外欲曙，新婦起嚴妝。著我繡夾裙，事事四五通。
足下躡絲履，頭上玳瑁光。腰若流紈素，耳著明月璫。
指如削蔥根，口如含朱丹。纖纖作細步，精妙世無雙。
上堂謝阿母，母聽去不止。昔作女兒時，生小出野裏，
本自無教訓，兼愧貴家子。受母錢帛多，不堪母驅使。
今日還家去，念母勞家裏。欲與小姑別，淚落連珠子：
新婦初來時，小姑始扶床；今日被驅遣，小姑如我長。
勤心養公姥，好自相扶將。初七及下九，嬉戲莫相忘。
出門登車去，涕落百餘行。

府吏馬在前，新婦車在後，隱隱何甸甸，俱會大道口。
下馬入車中，低頭共耳語：誓不相隔卿！且暫還家去，
吾今且赴府。不久當還歸，誓天不相負。新婦謂府吏：
感君區區懷。君既若見錄，不久望君來。君當作磐石，
妾當作蒲葦。蒲葦紉如絲，磐石無轉移。我有親父兄，
性行暴如雷，恐不任我意，逆以煎我懷。舉手長勞勞，

二情同依依。

入門下家堂，進退無顏儀，阿母大拊掌：不圖子自歸！
十三教汝織，十四能裁衣，十五彈箜篌，十六知禮儀，
十七遣汝嫁，謂言無誓違。汝今無罪過，不迎而自歸？
蘭芝慚阿母：兒實無罪過。阿母大悲摧。

還家十餘日，縣令遣媒來。云有第三郎，窈窕世無雙。
年始十八九，便言多令才。阿母謂阿女：汝可去應之。
阿女銜淚答：蘭芝初還時，府吏見叮嚀，結誓不別離。
今日違情義，恐此事非奇。自可斷來信，徐徐更謂之。
阿母白媒人：貧賤有此女，始適還家門。不堪吏人婦，
豈合令郎君？幸可廣問訊，不得便相許。

媒人去數日。尋遣丞請還。說有蘭家女，丞籍有宦官。
云有第五郎，嬌逸未有婚。遣丞為媒人，主簿通語言。
直說太守家，有此令郎君，既欲結大義，故遣來貴門。
阿母謝媒人：女子先有誓，老姥豈敢言？阿兄得聞之，
悵然心中煩，舉言謂阿妹：作計何不量！先嫁得府吏，
後嫁得郎君，否泰如天地，足以榮汝身。不嫁義郎體，
其往欲何云！蘭芝仰頭答：理實如兄言。謝家事夫婿，
中道還兄門，處分適兄意，那得自任專？雖與府吏要，
渠會永無緣。登即相許和，便可作婚姻。

媒人下床去，諾諾復爾爾。還部白府君：下官奉使命，
言談大有緣。府君得聞之，心中大歡喜。視曆復開書，

便利此月內，六合正相應。良吉三十日，今已二十七，
卿可去成婚。交語速裝束，絡繹如浮雲。青雀白鵠舫，
四角龍子幡，婀娜隨風轉。金車玉作輪，躑躅青驄馬，
流蘇金鏤鞍。賞錢三百萬，皆用青絲穿。雜彩三百匹，
交廣市鮭珍。從人四五百，鬱鬱登郡門。

阿母謂阿女：適得府君書，明日來迎汝。何不作衣裳？
莫令事不舉！阿女默無聲，手巾掩口啼，淚落便如瀉。
移我琉璃榻。出置前窗下。左手持刀尺，右手執綾羅。
朝成繡夾裙，晚成單羅衫。晻晻日欲暝，愁思出門啼。

府吏聞此變，因求假暫歸。末至二三裏，摧藏馬悲哀。
新婦識馬聲，躡履相逢迎。悵然遙相望，知是故人來。
舉手拍馬鞍，嗟歎使心傷：自君別我後，人事不可量。
果不如先願，又非君所詳。我有親父母，逼迫兼弟兄。
以我應他人，君還何所望！府吏謂新婦：賀卿得高
遷！
磐石方且厚，可以卒千年；蒲葦一時紉，便作旦夕間！
卿當日勝貴，吾獨向黃泉。新婦謂府吏：何意出此言！
同是被逼迫，君爾妾亦然。黃泉下相見，勿違今日言！
執手分道去，各各還家門。生人作死別，恨恨那可論！
念與世間辭，千萬不復全。

府吏還家去，上堂拜阿母：今日大風寒，寒風摧樹木，
嚴霜結庭蘭。兒今日冥冥，令母在後單，故作不良計，
勿復怨鬼神！命如南山石，四體康且直。阿母得聞之，

零淚應聲落：汝是大家子，仕宦於台閣。慎勿為婦死，
貴賤情何薄！東家有賢女，窈窕豔城郭。阿母為汝求，
便復在旦夕。府吏再拜還，長歎空房中。作計乃爾立。
轉頭向戶裏，漸見愁煎迫。

其日牛馬嘶，新婦入青廬，奄奄黃昏後，寂寂人定初。
我命絕今日，魂去屍長留。攬裙脫絲履，舉身赴清池。
府吏聞此事，心知長別離。徘徊庭樹下，自掛東南枝。

尾聲：

兩家求合葬，合葬華山旁。東西植松柏，左右種梧桐。
枝枝相覆蓋，葉葉相交通。中有雙飛鳥，自名為鴛鴦，
仰頭相向鳴，夜夜達五更。行人駐足聽，寡婦起彷徨。
多謝後世人，戒之慎勿忘！

第三篇　魏晉南北朝

　　西元 220 年，魏王曹丕稱帝，至 265 年滅亡，史稱曹魏。5 傳共 45 年。265 年司馬炎篡魏稱帝。至 316 年滅亡。史稱西晉，4 傳共 51 年。318 年，司馬睿稱帝，至 420 年滅亡，史稱東晉，10 傳共 102 年。420 年劉裕篡晉自立起，時序進入南北朝，南朝有宋，齊，梁，陳。北朝有西魏，北齊，北周。

　　從 220 年曹丕篡漢起，直到隋朝統一這 360 多年間。儘管政爭頻繁，國家分裂割據嚴重，而文學發展並未受到影響，在詩歌的創作上，無論是詩的樣式，詩的題材，都有創新的表現。

　　這個朝代詩歌創作最具代表性的文學家有曹丕，曹植，阮籍，左思，陸機，陶淵明，謝靈運，鮑照，謝朓，庾信。其作品在中國文學史上地位崇高，影響後世深遠。

　　曹丕（187-226）字子桓，曾嗣位魏王，西元 220 年篡漢稱帝。他的詩形式多樣，語言明白自然。"燕歌行"是他的代表作，也是中國文學史上第一首完整的七言詩，對後世影響很大。

燕歌行

　　秋風蕭瑟天氣涼，草木搖落露為霜。
　　群燕辭歸鵠南翔，念君客遊思斷腸。
　　慊慊思歸戀故鄉，君何淹留寄他方？

賤妾煢煢守空房，憂來思君不敢忘。

不覺淚下沾衣裳。

援琴鳴弦發清商，短歌微吟不能長。

明月皎皎照我床，星漢西流夜未央。

牽牛織女遙相望，爾獨何辜限河梁。

雜　詩

西北有浮雲，亭亭如車蓋。惜哉時不遇，適與飄風會。

吹我東南行，行行至吳會。吳會非我鄉，安得久留滯？

棄置勿復陳，客子常畏人。

芙蓉池作

乘輦夜行遊，逍遙步西園。雙渠相溉灌，嘉木繞通川。

卑枝拂羽蓋，修條摩蒼天。驚風扶輪轂，飛鳥翔我前。

丹霞夾明月，華星出雲間。上天垂光采，五色一何鮮。

壽命非松喬，誰能得神仙。遨遊快心意，保己終百年。

曹植（192-232）字子建，漢末魏初文學家，曾封陳王，他的五言詩歌在藝術手法上富有創造性，為歷史評論者所推崇。南朝宋詩人謝靈運曾說：「天下才共一石（一石即十斗）曹植獨得八斗，我得一斗，剩下一斗他人去分」。這種對曹植推崇備至的評價為許多人所接受，後世對曹植又有「才高八斗」之稱。

鰕鱔篇

鰕鱔遊潢潦，不知江海流，燕雀戲藩柴，安識鴻鵠遊！

世士以誠明，大德固無儔。駕言登五嶽，然後小陵丘。

俯觀上路人，勢利惟是謀。仇高念皇家，遠懷柔九州。

撫劍而雷音，猛氣縱橫浮。泛泊徒嗷嗷，誰知壯士憂？

野田黃雀行

高樹多悲風，海水揚其波。利劍不在掌，結交何須多？
不見籬間雀，見鷂自投羅？羅家見雀喜，少年見雀悲。
拔劍捎羅網，黃雀得飛飛。飛飛摩蒼天，來下謝少年。

白馬篇

白馬飾金羈，連翩西北馳。借問誰家子，幽并遊俠兒。
少小去鄉邑，揚名沙漠垂。宿昔秉良弓，楛矢何參差。
控弦破左的，右發摧月支。仰手接飛猱，俯身散馬蹄。
狡捷過猴猿，勇剽若豹螭。邊城多警急，胡虜數遷移。
羽檄從北來，厲馬登高阻。長驅蹈匈奴，左顧陵鮮卑。
棄身鋒刃端，性命安可懷？父母且不顧，何言子與妻？
名編壯士籍，不得中顧私。捐軀赴國難，視死忽如歸。

贈丁儀

初秋涼氣發，庭樹微銷落。凝霜依玉除，清風飄飛閣。
朝雲不歸山，霖雨成川澤。黍稷委疇隴，農夫安所獲。
在貴多忘賤，為恩誰能博？狐白足禦冬，焉念無衣客。
思慕延陵子，寶劍非所惜。子其寧爾心，親交義不薄。

送應氏

步登北邙阪，遙望洛陽山。洛陽何寂寞，宮室盡燒焚。
垣牆皆頓擗，荊棘上參天。不見舊耆老，但睹新少年。
側足無行徑，荒疇不復田。遊子久不歸，不識陌與阡。
中野何蕭條，千里無人煙。念我平常居，氣結不能言。

雜詩（一）

高臺多悲風，朝日照北林，之子在萬裏，江湖迥且深。
方舟安可極，離思故難任！孤雁飛南遊，過庭長哀吟。
翹思慕遠人，願欲托遺音。形影忽不見，翩翩傷我心。

雜詩（二）

南國有佳人，容華若桃李。朝遊江北岸，夕宿瀟湘沚。

時俗薄朱顏，誰為發皓齒？俯仰歲將暮，榮耀難久恃。

七步詩

煮豆燃豆萁，豆在釜中泣。

本是同根生，相煎何太急。

阮籍（210-263）字嗣宗，漢末魏初文學家，曾任步兵校尉，與稽康齊名，"竹林七賢"之一。他的文學成就以五言"詠懷詩"最為著名，在中國詩歌史上佔有崇高的地位。

詠懷詩（選六）

（一）

夜中不能寐，起坐彈鳴琴。薄帷鑒明月，清風吹我襟。

孤鴻號外野，翔鳥鳴北林。徘徊將何見？憂思獨傷心。

（二）

二妃游江濱，逍遙順風翔。交甫懷環珮，婉孌有芬芳。

猗靡情歡愛，千載不相忘。傾城迷下蔡，容好結中腸。

感激生憂思，萱草樹蘭房。膏沐為誰施，其雨怨朝陽。

如何金石交，一旦更離傷！

（三）

嘉樹下成蹊，東園桃與李。秋風吹飛藿，零落從此始。

繁華有憔悴，堂上生荊杞。驅馬舍之去，去上西山趾。

一身不自保，何況戀妻子？凝霜被野草，歲暮亦云已。

（四）

步出上東門，北望首陽岑。下有采薇士，上有嘉樹林。

良辰在何許？凝霜霑衣襟。寒風振山岡，玄雲起重陰。

鳴雁飛南征，鶗鴃發哀音。素質游商聲，淒愴傷我心。

（五）

　　昔年十四五，志尚好書詩。被褐懷珠玉，顏閔相與期。
　　開軒臨四野，登高望所思。丘墓蔽山岡，萬代同一時。
　　千秋萬歲後，榮名安所之？乃悟羨門子，嗷嗷今自嗤。

（六）

　　徘徊蓬池上，還顧望大樑。綠水揚洪波，曠野莽茫茫。
　　走獸交橫馳，飛鳥相隨翔。是時鶉火中，日月正相望。
　　朔風厲嚴寒，陰氣下微霜。羈旅無儔匹，俯仰情哀傷。
　　小人計其功，君子道其常。豈惜終憔悴，詠言著斯章。

　　左思（250-305）字太仲，西晉文學家，自小博覽群書，才學出眾，寫論文以“過秦論”為典範，作賦以“子虛賦”為楷模。他寫的一篇“三都賦”，曾經轟動西晉文壇，在歷史上留下了“洛陽紙貴”的典故。他寫詩的題目叫“詠史”，其用意在於借詠抒懷，並暗批當時的門閥制度。

詠史（其二）

　　鬱鬱澗底松，離離山上苗，以彼徑寸莖，蔭此百尺條。
　　世胄躡高位，英俊沉下僚，地勢使之然，由來非一朝。
　　金張藉舊業，七葉珥漢貂，馮公豈不偉，白首不見招。

詠史（其三）

　　吾希段干木，偃息藩魏君，吾慕魯仲連，談笑卻秦軍。
　　當世貴不羈，遭難能解紛，功成恥受賞，高節卓不群。
　　臨組不肯緤，對珪寧肯分？連璽曜前庭，比之猶浮雲。

詠史（其五）

　　皓天舒白日，靈景耀神州。列宅紫宮裏，飛宇若雲浮。
　　峨峨高門內，藹藹皆王侯。自非攀龍客，何為欻來遊？
　　被褐出閶闔，高步追許由。振衣千仞岡，濯足萬里流。

詠史（其六）

荊軻飲燕市，酒酣氣益震。哀歌和漸離，謂若傍無人。
雖無壯士節，與世亦殊倫。高眄邈四海，豪右何足陳！
貴者雖自貴，視之若埃塵。賤者雖自賤，重之若千鈞。

詠史（其七）

主父宦不達，骨肉還相薄。買臣困采樵，伉儷不安宅。
陳平無產業，歸來翳負郭。長卿還成都，壁立何寥廓。
四賢豈不偉。遺列光篇籍。當其未遇時，憂在填溝壑。
英雄有屯邅，由來自古昔。何世無奇才，遺之在草澤。

雜　詩

秋風何冽冽，白露為朝霜。柔條旦夕勁，綠葉日夜黃。
明月出雲崖，皎皎流素光。披軒臨前庭，嗷嗷晨雁翔。
高志局四海，塊然守空堂。壯齒不恒居，歲暮常慨慷。

陸機（261-303）字士衡，西晉文學家，太康末年與弟
陸雲同至洛陽，文才傾動一時，時稱“二陸”。所作詩文，
講求辭藻和對偶，開六朝文學風氣。

苦寒行

北遊幽朔城，涼野多險難。俯入穹谷底，仰陟高山盤。
凝水結重磵，積雪被長巒。陰雲興岩側，悲風鳴樹端。
不睹白日景，但聞寒鳥喧。猛虎憑林嘯，玄猿臨岸歎。
夕宿喬木下，慘愴恒鮮歡。渴飲堅冰漿，饑待零露餐。
離思固已久，寤寐莫與言。劇哉行役人，慊慊恒苦寒。

班婕妤

婕妤去辭寵，淹留終不見。寄情在玉階，托意惟團扇。
春苔暗階除，秋草蕪高殿。黃昏履綦絕，愁來空雨面。

猛虎行

　　渴不飲盜泉水，熱不息惡木陰。惡木豈無枝，志士多苦心。

　　整駕肅時命，杖策將遠尋。饑食猛虎窟，寒棲野雀林。
日歸功未建。時往歲載陰。崇雲臨岸馳，鳴條隨風吟。
靜言幽谷底，長嘯高山岑。急弦無懦響，亮節難為音。
人生誠未易，曷雲開此衿。眷我耿介懷，俯仰愧古今。

擬明月何皎皎

　　安寢北堂上，明月入我牖。照之有餘輝，攬之不盈手。
涼風繞曲房，寒蟬鳴高柳。踟躕感節物，我行永已久。
游宦會無成，離思難常守。

　　陶淵明（365-427）名潛字元亮。東晉文學家，曾任參軍。再任彭澤令時，因不願為五斗米折腰而歸隱。他在文學創作方面，對詩賦，散文都有成就，特別是首創的田園詩，最具代表性，對後世影響甚大。

勸農六首（選三）

（一）

　　悠悠上古，厥初生民。傲然自足，抱樸含真。
智巧既萌，資待靡因。誰其贍之？實賴哲人。

（二）

　　哲人伊何？時維後稷，贍之伊何？實曰播植。
舜既躬耕，禹亦稼穡，遠若周典，八政始食。

（三）

　　熙熙令音，猗猗原陸。卉木繁榮，和風清穆。
紛紛士女，趨時競逐。桑婦宵興，農夫野宿。

歸園田居五首（選三）

（一）

少無適俗韻，性本愛丘山。誤入塵網中，一去三十年。
羈鳥戀舊林，池魚思故淵。開荒南野際，守拙歸園田。
方宅十餘畝，草屋八九間。榆柳蔭後簷，桃李羅堂前。
曖曖遠人村，依依墟里煙。狗吠深巷中，雞鳴桑樹顛。
戶庭無塵雜，虛室有餘閒。久在樊籠裏，復得返自然。

（二）

野外罕人事，窮巷寡輪鞅。白日掩荊扉，虛室絕塵想。
時復墟曲中，披草共來往。相見無雜言，但道桑麻長。
桑麻日以長，我土日已廣，常恐霜霰至，零落同草莽。

（三）

種豆南山下，草盛豆苗稀。晨興理荒穢，帶月荷鋤歸。
道狹草木長，夕露沾我衣。衣沾不足惜，但使願無違。

　　謝靈運（385-433）南朝宋文學家，其祖父謝玄爲東晉
著名的宰相，因功封爲康樂公。謝靈運十八歲就被當朝封爲
康樂公，食邑三千戶。劉裕篡晉後，將康樂公降爲康樂侯，
食邑減半，最後在爭權奪利的鬥爭中被害。他是我國開創山
水詩第一人，自他以後，南朝的謝朓，何遜，唐朝的孟浩然，
王維等許多山水詩人，紛紛湧現，蔚爲大觀。

石壁精舍還湖中作

昏旦變氣候，山水含清暉。清暉能娛人，遊子憺忘歸。
山谷日尚早，入舟陽已微。林壑斂暝色，雲霞收夕霏。
芰荷迭映蔚，蒲稗相因依。披拂趨南徑，愉悅偃東扉。
慮澹物自輕，意愜理無違。寄言攝生客，試用此道推。

登江中孤嶼

江南倦歷覽，江北曠周旋。懷新道轉迥，尋異景不延。

亂流趨正絕，孤嶼媚中川。雲日相輝映，空水共澄鮮。
表靈物莫賞，蘊真誰為傳。想像昆山姿，緬邈區中緣。
始信安期術，得盡養生年。

石門岩上宿

朝搴苑中蘭，畏彼霜下歇。暝還雲際宿，弄此石上月。
鳥鳴識夜棲，木落知風發。異音同致聽，殊響俱清越。
妙物莫為賞，芳醑誰與伐。美人竟不來，陽阿徒晞髮。

歲　暮

殷憂不能寐，苦此夜難頹。明月照積雪，
朔風勁且哀。運往無淹物，年逝覺易摧。

游南亭

時竟夕澄霽，雲歸日西馳。密林含餘清，遠峰隱半規。
久痗昏墊苦，旅館眺郊歧。澤蘭漸被徑，芙蓉始發池。
未厭青春好，已睹朱明移。戚戚感物歎，星星白髮垂。
樂餌情所止，衰疾忽在斯。逝將候秋水，息景偃舊崖。
我志誰與亮，賞心惟良知。

鮑照（414-466）字明遠，南朝宋文學家，曾任中書舍人，參軍，長於樂，擅七言歌行，語言質樸，風格俊逸，對唐朝詩人李白，岑參頗有影響。

擬行路難

（其一）

奉君金卮之美酒，玳瑁玉匣之雕琴。
七彩芙蓉之羽帳，九華蒲萄之錦衾。
紅顏零落歲將暮，寒光宛轉時欲沉。
願君裁悲且減思，聽我抵節行路吟。
不見柏梁銅雀上，寧聞古時清吹音？

（其二）

> 洛陽名工鑄為金博山，千斫復萬鏤，
> 上刻秦女攜手仙。承君清夜之歡娛，
> 列置幃裏明燭前。外發龍鱗之丹彩，
> 內含麝芬之紫煙。如今群心一朝異，
> 對此長歎終百年。

（其三）

> 璿閨玉墀上椒閣，文窗繡戶垂綺幕。
> 中有一人字金蘭，被服纖羅采芳藿。
> 春燕差池風散梅，開幃對景弄禽爵。
> 含歌攬涕恒抱愁，人生幾時得為樂？
> 寧作野中之雙鳧，不願雲間之別鶴。

代東門行

> 傷禽惡弦驚，倦客惡離聲。離聲斷客情，賓御皆涕零。
> 涕零心斷絕，將去復還訣。一息不相知，何況異鄉別。
> 遙遙征駕遠，杳杳白日晚。居人掩閨臥，行子夜中飯。
> 野風吹草木，行子心腸斷。食梅常苦酸，衣葛常苦寒。
> 絲竹徒滿坐，憂人不解顏。長歌欲自慰，彌起長恨端。

代放歌行

> 蓼蟲避葵堇，習苦不言非。小人自齷齪，安知曠士懷？
> 雞鳴洛城裏，禁門平旦開。冠蓋縱橫至，車騎四方來。
> 素帶曳長飆，華纓結遠埃。日中安能止，鍾鳴猶未歸。
> 夷世不可逢，賢君信愛才。明慮自天斷，不受外嫌猜。
> 一言分珪爵，片善辭草萊。豈伊白璧賜，將起黃金台。
> 今君有何疾，臨路獨遲回？

代出自薊北門行

　　　　羽檄起邊亭，烽火入咸陽。征騎屯廣武，分兵救朔方。
　　　　嚴秋筋竿勁，虜陣精且強。天子按劍怒，使者遙相望。
　　　　雁行緣石徑，魚貫度飛梁。蕭鼓流漢思，旌甲被胡霜。
　　　　疾風沖塞起，沙礫自飄揚。馬毛縮如蝟，角弓不可張。
　　　　時危見臣節，世亂識忠良。投軀報明主，身死為國殤。

　　謝脁（464-499）字玄暉。南朝齊詩人，曾任宣城太守，尚書內部郎，詩多描寫自然景色，時出警句，風格清俊。唐代杜甫曾稱讚道：“謝脁每篇堪諷誦。”李白曾說：“一生低首謝宣城”且作詩云“我家敬亭下，輒繼謝公作。相去數百年，風期宛如昨”。宋以後詩評家明確肯定謝脁在中國詩歌史上重要地位。

臨高臺

　　　　千里常思歸，登臺臨綺翼。才見孤島還，未辨連山極。
　　　　四面動清風，朝夜起寒色。誰知倦遊者，嗟此故鄉憶。

游東田

　　　　戚戚苦無悰，攜手共行樂。尋雲陟累榭，隨山望菌閣。
　　　　遠樹曖阡阡，生煙紛漠漠。魚戲新荷動，鳥散餘花落。
　　　　不對芳春酒，還望青山郭。

新亭渚別範零淩雲

　　　　洞庭張樂地，瀟湘帝子遊。雲去蒼梧野，水還江漢流。
　　　　停驂我悵望，輟棹子夷猶。廣平聽方籍，茂陵將見求。
　　　　心事俱已矣，江上徒離憂。

懷故人

　　　　芳洲有杜若，可以贈佳期。望望忽超遠，何由見所思？
　　　　我行未千里，山川已間之。離居方歲月，故人不在茲。
　　　　清風動簾夜，孤月照窗時。安得同攜手，酌酒賦新詩。

觀朝雨

朔風吹飛雨，蕭條江上來。既灑百常觀，復集九成台。
空蒙如薄霧，散漫似輕埃。平明振衣坐，重門猶未開。
耳目暫無擾，懷古信悠哉。戢翼希驤首，乘流畏曝鰓。
動息無兼遂，歧路多徘徊。方同戰勝者，去翦北山萊。

和王中垂聞琴

涼風吹月露，圓景動清陰。蕙風入懷抱，聞君此夜琴。
蕭瑟滿林聽，輕鳴響澗音。無為澹容與，蹉跎江海心。

庾信（513-581）字子山，北朝魏，周時期文學家，能詩，善賦，駢文更是集南北朝之大成。554 年以前，他是南朝梁著名作家，554 年出使北朝西魏，因戰亂被強留西魏作官，歷經西魏北周二朝，詩歌創作的題材以“詠懷”為主，詩的樣式有五言，七言。

擬詠懷

（其一）

榆關斷音信，漢使絕經過。胡笳落淚曲，羌笛斷腸歌。
纖腰減束素，別淚損橫波。恨心終不歇，紅顏無復多。
枯木期填海，青山望斷河。

（其二）

悲歌渡燕水，弭節出陽關。李陵從此去，荊卿不復還。
故人形影滅，音書兩俱絕。遙看塞北雲，懸想關山雪。
遊子河梁上，應將蘇武別。

怨歌行

家住金陵縣前，嫁得長安少年。回頭望鄉淚落，
不知何處天邊？胡塵幾日應盡？漢月何時更圓？
願君能歌此曲，不覺心隨斷弦。

燕歌行

代北雲氣晝昏昏，千里飛蓬無復根。

寒雁嗈嗈渡遼水，桑葉紛紛落薊門。

晉陽山頭無箭竹，疏勒城中乏水源。

屬國征戍久離居，陽關音信絕能疏。

願得魯連飛一箭，持寄思歸燕將書。

渡遼本自有將軍，寒風蕭蕭生水紋。

妾驚甘泉足烽火，君訝漁陽少陣雲。

自從將軍出細柳，蕩子空床難獨守。

盤龍明鏡餉秦嘉，辟惡生香寄韓壽。

春分燕來能幾日，二月蠶眠不復久。

洛陽遊絲百丈連，黃河春冰千片穿。

桃花顏色好如馬，榆莢新開巧似錢。

蒲桃一杯千日醉，無事九轉學神仙。

定取金丹作幾服，能令華表得千年。

烏夜啼

促柱繁弦非子夜，歌聲舞態異前溪。

御史府中何處宿，洛陽城頭哪得棲。

彈琴蜀郡卓家女，織錦秦川竇氏妻。

詎不自驚長淚落，到頭啼烏恒夜啼。

南朝樂府民歌：最具代表性的有長干曲、綿州巴歌、西州曲三首。

長幹曲

逆浪故相邀，菱舟不怕搖。

妾家揚子住，便弄廣陵潮。

綿州巴歌

豆子山，打瓦鼓。揚平山，撒白雨。

下白雨，取龍女。織得絹，二丈五。

一半屬羅江，一半屬玄武。

西州曲

憶梅下西洲，折梅寄江北。單衫杏子紅，雙鬢鴉雛色。

西洲在何處？兩槳橋頭渡。日暮伯勞飛，風吹烏柏樹。

樹下即門前，門中露翠鈿。開門郎不至，出門採紅蓮。

採蓮南塘秋，蓮花過人頭。低頭弄蓮子，蓮子青如水。

置蓮懷袖中，蓮心徹底紅。憶郎郎不至，仰首望飛鴻。

鴻飛滿西洲，望郎上青樓。樓高望不見，盡日欄杆頭。

欄杆十二曲，垂手明如玉。捲簾天自高，海水搖空綠。

海水夢悠悠，君愁我亦愁。南風知我意，吹夢到西洲。

北朝樂府民歌：最具代表性的有紫騮馬歌、敕勒歌、木蘭詩三首。

紫騮馬歌

高高山頭樹，風吹葉落去。

一去數千里，何當還故處。

敕勒歌

敕勒川，陰山下，天似穹廬，籠蓋四野。

天蒼蒼，野茫茫，風吹草低見牛羊。

木蘭詩

唧唧復唧唧，木蘭當戶織。不聞機杼聲，唯聞女歎息。

間女何所思？間女何所憶？女亦無所思，女亦無所憶。

昨夜見軍帖，可汗大點兵，軍書十二卷，卷卷有爺名。

阿爺無大兒，木蘭無長兄，願為市鞍馬，從此替爺征。

東市買駿馬，西市買鞍韉，南市買轡頭，北市買長鞭。

旦辭爺娘去，暮宿黃河邊。不聞爺娘喚女聲，但聞黃
河流水鳴濺濺。旦辭黃河去，暮至黑山頭。不聞爺娘
喚女聲，但聞燕山胡騎聲啾啾。

萬裏赴戎機，關山渡若飛，朔氣傳金柝，寒光照鐵衣。
將軍百戰死，壯士十年歸。

歸來見天子，天子坐明堂。策勳十二轉，賞賜百千強，
可汗間所欲，木蘭不用尚書郎，願借明駝千里足。送
兒還故鄉。

爺娘聞女來，出郭相扶將。阿姐聞妹來，當戶理紅妝。
小弟聞姐來，磨刀霍霍向豬羊。開我東閣門，坐我西
閣床。脫我戰時袍，著我舊時裳。當窗理雲鬢，對鏡
帖花黃。出門看夥伴，夥伴皆驚惶。"同行十二載，
不知木蘭是女郎"。

雄兔腳撲朔，雌兔眼迷離，雙兔傍地走，安能辨我是雄
雌？

第四篇 隋朝、唐朝

隋 朝

西元 581 年，北周功臣楊堅奪取政權建立隋朝，588 年，隋軍渡江南下一舉滅陳，終於結束了自東晉以來的南北分裂局面，也實現了國家的統一。

從建國，全國統一到滅亡，前後只維持了 30 多年。

詩歌作家只有盧思道，薛道衡，楊素，楊廣等人，他們都是從前朝而來。其作品並無變化。

盧思道（535-586）字子行，隋詩人，仕北齊，北周，隋三朝，隋朝官至散騎侍郎，其詩多作於北齊。

春夕經行留侯墓

少小期黃石，晚年游赤松。應成羽人去，何忍掩高封。
疏蕪枕絕野，逶迤帶斜峰。墳荒隧草沒，碑碎石苔濃。
狙秦懷猛氣，師漢挺柔容。盛烈芳千祀，深泉閉九重。
夕風吟宰樹，遲光落下春。遂令懷古客，揮淚獨無蹤。

薛道衡（540-609）字玄卿，歷仕北齊，北周，隋時官至司隸大夫。其詩詞藻華豔，少數邊塞詩較雄健。

昔昔鹽

垂柳覆金堤，薛蕪葉復齊。水溢芙蓉沼，花飛桃李蹊。
采桑秦氏女，織錦竇家妻。關山別蕩子，風月守空閨。
恒斂千金笑，長垂雙玉啼。盤龍隨鏡隱，彩鳳逐帷低。

　　飛魂同夜鵲，倦寢憶晨雞。暗牖懸蛛網，空梁落燕泥。

　　前年過代北，今歲往遼西。一去無消息，那能惜馬蹄。

湯素（？-606）字處道。隋大臣，士族出身，善文，書法。參與宮廷陰謀，廢太子勇，擁立煬帝，封楚國公，官至司徒。

出　塞

　　漢南胡未空，漢將復臨戎。飛孤出塞北，碣石指遼東。

　　冠軍臨翰海，長平翼大風。雲橫虎落陣，氣抱龍城虹。

　　橫行萬裏外，胡運百年窮。兵寢星芒落，戰解月輪空。

　　嚴鐎息夜半，駢角罷鳴弓。北風嘶朔馬，胡霜切塞鴻。

　　休明大道暨，幽荒日用同。方就長安邸，來謁建章宮。

楊廣（569-618）即隋煬帝，小字阿㯃，隋文帝第二子，殺父即位，在位十四年，多行虐政。

望　海

　　碧海雖欣矚，金台空有聞。

　　遠水翻如岸，遙山倒似雲。

　　斷濤還共合，連浪或時分。

　　馴鷗舊可狎，卉木足為群。

　　方知小姑射，誰復語臨汾。

唐　朝

　　西元 618 年，唐王李淵在長安即帝位，建立唐朝。

　　唐初，詩歌創作的傾向，仍是沿襲著六朝以來的華豔風習，正如前人所說：「唐興，詩人承陳隋風流，浮靡相矜」。後經王勃，楊炯，盧照鄰，駱賓王等四傑的努力，陳子昂提出的詩風改革主張，並在創作實踐中產生了優秀的作品，樹立了有內容，有形象，剛健質樸的詩風，革除了齊，梁以來綺麗，頹靡的習氣，爲唐代詩歌發展開闢了一條新的道路。

唐開元，天寶年間，是我國封建社會繁榮時期，也是我國古典詩歌繁榮時代。在這個時期，不僅出現了李白，杜甫，這樣偉大的詩人，也產生了孟浩然，王維，韓愈，柳宗元，白居易等備具風格的詩人，一時群星映照，光輝燦爛，形成了我國古典詩歌的黃金時代。

唐貞元。元和期間，以白居易爲首的新樂府運動。提倡"詩歌爲事而作"。歌唱民間疾苦，形成了一種詩風，常與劉禹錫元稹唱和。文學家韓愈提倡的"以文爲詩"的奇險詩風，對李賀，孟郊等都產生了很大的影響，從而使詩歌風格更加多樣化。李商隱，杜牧的可貴處就是能別創新格，在當時爭奇鬥勝的詩歌園地中各樹一幟，使晚唐詩壇繼開元，天寶之後。又呈現了新的繁榮景象。

新文體"詞"的出現

當詩歌發展到達極致，新的文體"詞"就跟著出現。

"詞"是文體名，詩歌的一種樣式，古代的詞，都是合樂歌唱，詞體形成于唐代，發展在宋代，句子長短不一，也稱長短句。最初填的詞，都是配合音樂來歌唱，有的按詞制調，有的依調填詞，曲詞的名稱即詞牌，一般以"詞"的內容而定。後來主要是依調填詞，曲調的名和調的內容不一定有聯繫，而且大多數詞都已不再配樂歌唱，所以各個調名，只作爲文字音韻的定式。

詞體的形成，源于盛唐時期大詩人李白。相傳：李白在開元，天寶年間，流落荊楚。路過鼎州驛樓，登樓遠眺，故鄉之情，油然而生，遂以故鄉（歌謠）之曲調填入新詞，名之曰“菩薩蠻”。自後，有張志和，韋應物，王建，劉禹錫，白居易，均有創作，但他們所寫的詞。僅止於“小令”。

從李白一直到唐末五代，最著名的詞人有李白，李煜，他們博學多才，詩，詞，均著有成就，歷來為人民所推崇。

這個朝代，創作詩歌最具代表性的文學家有王勃，陳子昂，孟浩然，王維，李白，杜甫，韓愈，柳宗元，張籍，白居易，劉禹錫，元稹，杜牧，李商隱。其作品在中國詩壇史上，地位崇高，影響後世深遠。

詩歌發展到唐代，已臻成熟。無論是體制的完備，還是題材的多樣，無論是揭示生活的深度，還是反映現實的廣度，可以說都達到了不可企及的境界。正如魯迅所說：“我以為一切好詩到唐時已被做完”。

王勃（649-676）字子安，初唐詩歌創作家，六歲能文，十五歲對策高第，授朝散郎，沛王召為府修撰，作“平臺鈔略”十篇。當時諸王喜愛鬥雞，勃戲作“檄英王鬥雞文”高宗看後生氣，廢了王勃的官職，其詩偏於描寫個人生活，風格清新。後來，大詩人杜甫曾以詩作了高度的評價，詩曰：“王，楊，盧，駱當時體，輕薄為文哂未休，爾曹身與名俱滅，不廢江河萬古流”。

送杜少府之任蜀州

城闕輔三秦，風煙望五津。

與君離別意，同是宦遊人。

海內存知己，天涯若比鄰。

無為在歧路，兒女共沾巾。

山　中

長江悲已滯，萬裏念將歸。

況屬高風晚，山山黃葉飛。

滕王閣序附詩

滕王高閣臨江渚，佩玉鳴鸞罷歌舞。

畫棟朝飛南浦雲，珠簾暮卷西山雨。

閑雲潭影日悠悠，物換星移幾度秋。

閣中帝子今何在？檻外長江空自流。

陳子昂（661-702）字伯玉，唐初文學家，以上書論政，為武則天所讚賞，拜麟台正字。轉右拾遺，後被誣入獄，憂憤而死。其詩標舉漢魏風骨，反對自六朝以來的柔靡之風。是唐代詩歌革新的先驅。唐代李白，杜甫，韓愈，白居易深受他的啟發。韓愈稱讚："國朝盛文章，子昂始高蹈。"

登幽州台歌

前不見古人，後不見來者。

念天地之悠悠，獨愴然而涕下。

贈喬侍郎

漢廷榮巧宦，雲閣薄邊功，

可憐驄馬使，白首為誰雄。

送別崔著作東征

金天方肅殺，白露始專征。

王師非樂戰，之子慎佳兵。

海氣侵南部，邊風掃北平。

莫賣盧龍塞，歸邀麟閣名。

春夜別友人

銀燭吐清煙，金尊對綺筵。

離堂思琴瑟，別路繞山川。

　　明月隱高樹，長河沒曉天。

　　悠悠洛陽去，此會在何年。

孟浩然（689-740）本名浩，字浩然，唐初名詩歌作家，早年隱居鹿門山，四十歲游長安應進士未第，失意而歸。喜遊歷名山勝水。其詩藝術造詣很高，曾在大學賦詩。是山水田園詩派的代表，與王維齊名，並稱"王孟"。

春　曉

　　春眠不覺曉，處處聞啼鳥，

　　夜來風雨聲，花落知多少。

訪袁拾遺不遇

　　洛陽訪才子，江嶺作流人，

　　聞說梅花早，何如此地春。

歲暮歸南山

　　北闕休上書，南山歸敝廬。

　　不才明主棄，多病故人疏。

　　白髮催年老，青陽逼歲除。

　　永懷愁不寐，松月夜窗虛。

秋登蘭山寄張五

　　北山白雲裏，隱者自怡悅。

　　相望試登高，心隨雁飛滅。

　　愁因薄暮起，興是清秋發。

　　時見歸村人，沙行渡頭歇。

　　天邊樹若薺，江畔洲如月。

　　何當載酒來，共醉重陽節。

宿業師山房待丁大不至

　　夕陽度西嶺，群壑倏已暝。

松月生夜涼，風泉滿清聽。

樵人歸欲盡，煙鳥棲初定。

之子期宿來，孤琴候蘿徑。

王維（701-761）字摩詰，初唐名詩歌作家，開元進士，官至尚書右丞，晚年亦官亦隱，過著“萬事不關心”的生活。他的詩歌創作以山水詩最爲著名。開創了山水詩歌派。與孟浩然齊名，稱爲“王孟”。

相　思

紅豆生南國，春來發幾枝。

願君多採擷，此物最相思。

九月九日憶山東兄弟

獨在異鄉為異客，每逢佳節倍思親。

遙知兄弟登高處，遍插茱萸少一人。

渭城曲

渭城朝雨浥輕塵，客舍青青柳色新。

勸君更盡一杯酒，西出陽關無故人。

送　別

山中相送罷，日暮掩柴扉，

青草明年綠，王孫歸不歸？

雜　詩

君自故鄉來，應知故鄉事。

來日綺窗前，寒梅著花未？

少年行

新豐美酒鬥十千，咸陽遊俠多少年。

相逢意氣為君飲，繫馬高樓垂柳邊。

李白（701-762）字太白，唐代名詩歌作家，初由賀知

章，吳筠等人推薦，供奉翰林。安史之亂後，被流放夜郎，
中途遇赦東還。晚年漂泊困苦，卒於當塗。其詩雄奇豪放，
想像豐富，語言流轉自然，音律和諧多變，影響後世深遠。
唐代大詩人，詞體首創者，其填寫的"菩薩蠻"成爲中國史
上第一。

靜夜思

床前明月光，疑是地上霜。

舉頭望明月，低頭思故鄉。

早發白帝城

朝辭白帝彩雲間，千里江陵一日還。

兩岸猿聲啼不住，輕舟已過萬重山。

黃鶴樓送孟浩然之廣陵

故人西辭黃鶴樓，煙花三月下揚州。

孤帆遠影碧空盡，唯見長江天際流。

與史郎中欽聽黃鶴樓上吹笛

一爲遷客去長沙，西望長安不見家，

黃鶴樓中吹玉笛，江城五月落梅花。

望廬山瀑布

日照香爐生紫煙，遙看瀑布掛前川，

飛流直下三千尺，疑是銀河落九天。

菩薩蠻

平林漠漠煙如織，寒山一帶傷心碧。

暝色入高樓，有人樓上愁。

玉階空佇立，宿鳥歸飛急。

何處是歸程，長亭更短亭。

憶秦娥

蕭聲咽，秦娥夢斷秦樓月，秦樓月，年年柳色，霸陵
傷別。

樂游原上清秋節，咸陽古道音塵絕。音塵絕，西風殘
照，漢家陵闕。

杜甫（712-770）字子美，唐代名詩歌作家，開元進士
不第，漫遊各地，安史之亂後，逃至鳳翔，竭見肅宗，官左
拾遺。後移居成都築草堂於浣花溪上。晚年，攜家出蜀，病
死在湘江途中。其詩顯示了唐代由盛而衰的歷史過程，被稱
爲"詩史"。詩作藝術手法高明，格律嚴謹，其中有一首"登
高"七言詩被後人譽爲"古今七言律詩第一"。

春　望

國破山河在，城春草木深。

感時花濺淚，恨別鳥驚心。

烽火連三月，家書抵萬金。

白頭搔更短，渾欲不勝簪。

八陣圖

功蓋三分國，名成八陣圖。

江流石不轉，遺恨失吞吳。

絕　句

兩個黃鸝鳴翠柳，一行白鷺上青天。

窗含西嶺千秋雪，門泊東吳萬里船。

登　高

風急天高猿嘯哀，渚清沙白鳥飛回。

無邊落木蕭蕭下，不盡長江滾滾來。

萬里悲秋常作客，百年多病獨登臺。

艱難苦恨繁霜鬢，潦倒新停濁酒杯，

贈花卿

錦城絃管日紛紛，半入江風半入雲。

此曲只應天上有，人間能得幾回聞。

韓愈（768-824）字退之，唐代名詩歌作家，貞元進士。曾任國子博士，刑部侍郎等職。因諫阻憲宗迎佛骨，貶爲潮州刺史，後官至吏部侍郎。倡導古文運動，爲"唐宋八大家"之首，與柳宗元並稱"韓柳"。其詩力求新奇，有時流於險怪，對宋詩影響頗大。

春　雪

新年都未有芳華，二月初驚見草芽。

白雪卻嫌春色晚，故穿庭樹作飛花。

晚　春

草樹知春不久歸，百般紅紫鬥芳菲。

楊花榆莢無才思，惟解漫天作雪飛。

榴　花

五月榴花照眼明，枝間時見子初成。

可憐此地無車馬，顛倒青苔落絳英。

湘　中

猿愁魚踴水翻波，自古流傳是汨羅。

蘋藻滿盤無處奠，空聞漁父扣舷歌。

左遷至藍關示侄孫湘

一封朝奏九重天，夕貶潮陽路八千。

本爲聖朝除弊政，敢將衰朽惜殘年。

雲橫秦嶺家何在，雪擁藍關馬不前。

知汝遠來應有意，好收吾骨瘴江邊。

柳宗元（773-819）字子厚，唐代名詩歌作家，貞元進士，曾任校書郎，藍田尉，監察禦史等職。因參加王叔文集團，被貶爲朗州司馬。與韓愈倡導古文運動，同被列入"唐代文學八大家"并稱"韓柳"。其詩風格清峭。

江　雪

千山鳥飛絕，萬徑人蹤滅。

孤舟蓑笠翁，獨釣寒江雪。

漁　翁

漁翁夜傍西岩宿，曉汲清湘燃楚竹。

煙銷日出不見人，欸乃一聲山水綠。

回看天際下中流，岩上無心雲相逐。

溪　居

久為簪組束，幸此南夷謫。

閑依農圃鄰，偶似山林客。

曉耕翻露草，夜榜響溪石。

來往不逢人，長歌楚天碧。

登柳州城樓寄漳汀封連四州刺史

城上高樓接大荒，海天愁思正茫茫。

驚風亂颭芙蓉水，密雨斜侵薜荔牆。

嶺樹重遮千里目，江流曲似九回腸。

共來百越文身地，猶是音書滯一鄉。

張籍（約 767-830）字文昌，唐詩人，貞元進士，歷任大常寺太祝，水部員外郎，任終國子司業，世稱張水部或張司業，家境窮困，眼疾嚴重，孟郊稱他爲"窮瞎張太祝"，其詩多反映民生疾苦，也有描寫封建制度下的婦女悲慘的處境，受白居易推崇，與王建齊名，世稱"張王"有"張司業集"。

築城詞

築城處，千人萬人抱把杵。

重重土堅試行錐，軍吏執鞭催作遲。

來時一年深磧裏，盡著短衣渴無水。

力盡不得休杵聲，杵聲未定人皆死。

家家養男當門戶，今日作君城下土。

江村行

南塘水深蘆筍齊，下田種稻不作畦。

耕場磷磷在水底，短衣半染蘆花泥。

田頭刈莎結為屋，歸來系牛還獨宿。

水淹手足盡為瘡，山蚊繞衣飛撲撲。

桑村椹黑蠶再眠，小姑采桑不餉田。

江南熱早天氣毒，雨中移秧顏色鮮。

一年耕種長苦辛，田熟家家將賽神。

節婦吟

君知妾有夫，贈妾雙明珠。

感君纏綿意，系在紅羅襦。

妾家高樓連苑起，良人執戟明光里。

知君用心如日月，事夫誓擬同生死。

還君明珠雙淚垂，恨不相逢未嫁時。

　　白居易（772-846）字樂天，唐代名詩歌作家，貞元進士，曾任左拾遺，參贊大夫，江州司馬，杭州刺史，刑部尚書等職。在文學上，主張“文章合為時而著”，“詩歌合為事而作”。是新樂府運動的倡導者。詩作近三千首，通俗易懂，其中“長恨歌”“琵琶行”二篇最為著名，846 年辭世之日，曾得到唐宣帝以詩弔唁。詩曰：“綴玉聯珠六十年，誰教冥路作詩仙。浮雲不系名居易，造化無爲字樂天。童子解吟長恨曲，胡兒能唱琵琶篇。文章已滿行人耳，一度思卿一愴然”。

長恨歌

漢皇重色思傾國，御宇多年求不得。
楊家有女初長成，養在深閨人未識。
天生麗質難自棄，一朝選在君王側。
回眸一笑百媚生，六宮粉黛無顏色。
春寒賜浴華清池，溫泉水滑洗凝脂。
侍兒扶起嬌無力，始是新承恩澤時。
雲鬢花顏金步搖，芙蓉帳暖度春宵。
春宵苦短日高起，從此君王不早朝。
承歡侍宴無閒暇，春從春遊夜專夜。
後宮佳麗三千人，三千寵愛在一身。
金屋妝成嬌侍夜，玉樓宴罷醉和春。
姊妹弟兄皆列土，可憐光彩生門戶。
遂令天下父母心，不重生男重生女。
驪宮高處入青雲，仙樂風飄處處聞。
緩歌慢舞凝絲竹，盡日君王看不足。
漁陽鼙鼓動地來，驚破霓裳羽衣曲。
九重城闕煙塵生，千乘萬騎西南行。
翠華搖搖行復止，西出都門百餘里。
六軍不發無奈何，宛轉蛾眉馬前死。
花鈿委地無人收，翠翹金雀玉搔頭。
君王掩面救不得，回看血淚相和流。
黃埃散漫風蕭索，雲棧縈紆登劍閣。

峨媚山下少人行，旄旗無光日色薄。
蜀江水碧蜀山青，聖主朝朝暮暮情。
行宮見月傷心色，夜雨聞鈴腸斷聲。
天旋地轉回龍馭，到此躊躇不能去。
馬嵬坡下泥土中，不見玉顏空死處。
君臣相顧盡沾衣，東望都門信馬歸。
歸來池苑皆依舊，太液芙蓉未央柳。
芙蓉如面柳如眉，對此如何不淚垂。
春風桃李花開日，秋雨梧桐葉落時。
西宮南內多秋草，落葉滿階紅不掃。
梨園子弟白髮新，椒房阿監青娥老。
夕殿螢飛思悄然，孤燈挑盡未成眠。
遲遲鐘鼓初長夜，耿耿星河欲曙天。
鴛鴦瓦冷霜華重，翡翠衾寒誰與共。
悠悠生死別經年，魂魄不曾來入夢。
臨邛道士鴻都客，能以精誠致魂魄。
為感君王輾轉思，遂教方士殷勤覓。
排空馭氣奔如電，升天入地求之遍。
上窮碧落下黃泉，兩處茫茫皆不見。
忽聞海上有仙山，山在虛無縹緲間。
樓閣玲瓏五雲起，其中綽約多仙子。
中有一人字太真，雪膚花貌參差是。
金闕西廂叩玉扃，轉教小玉報雙成。
聞道漢家天子使，九華帳裏夢魂驚。
攬衣推枕起徘徊，珠箔銀屏迤邐開。
雲鬢半偏新睡覺，花冠不整下堂來。

風吹仙袂飄飄舉，猶似霓裳羽衣舞。

玉容寂寞淚闌干，梨花一枝春帶雨。

含情凝睇謝君王，一別音容兩渺茫。

昭陽殿裏恩愛絕，蓬萊宮中日月長。

回頭下望塵寰處，不見長安見塵霧。

惟將舊物表深情，鈿合金釵寄將去。

釵留一股合一扇，釵擘黃金合分鈿。

但教心似金鈿堅，天上人間會相見。

臨別殷勤重寄詞，詞中有誓兩心知。

七月七日長生殿，夜半無人私語時。

在天願作比翼鳥，在地願為連理枝。

天長地久有時盡，此恨綿綿無絕期。

琵琶行

潯陽江頭夜送客，楓葉荻花秋瑟瑟。

主人下馬客在船，舉酒欲飲無管弦。

醉不成歡慘將別，別時茫茫江浸月。

忽聞水上琵琶聲，主人忘歸客不發。

尋聲暗問彈者誰，琵琶聲停欲語遲。

移船相近邀相見，添酒回燈重開宴。

千呼萬喚始出來，猶抱琵琶半遮面。

轉軸撥弦三兩聲，未成曲調先有情。

弦弦掩抑聲聲思，似訴平生不得志。

低眉信手續續彈，說盡心中無限事。

輕攏慢撚抹復挑，初為霓裳後六么。

大弦嘈嘈如急雨，小弦切切如私語。

嘈嘈切切錯雜彈，大珠小珠落玉盤。

間關鶯語花底滑，幽咽流泉水下灘。
水泉冷澀弦凝絕，凝絕不通聲漸歇。
別有幽愁暗恨生，此時無聲勝有聲。
銀瓶乍破水漿迸，鐵騎突出刀槍鳴。
曲終收撥當心畫，四弦一聲如裂帛。
東船西舫悄無言，惟見江心秋月白。
沉吟放撥插弦中，整頓衣裳起斂容。
自言本是京城女，家在蝦蟆陵下住。
十三學得琵琶成，名屬教坊第一部。
曲罷常教善才服，妝成每被秋娘妒。
五陵年少爭纏頭，一曲紅綃不知數。
鈿頭銀篦擊節碎，血色羅裙翻酒污。
今年歡笑復明年，秋月春風等閒度。
弟走從軍阿姨死，暮去朝來顏色故。
門前冷落車馬稀，老大嫁作商人婦。
商人重利輕別離，前月浮梁買茶去。
去來江口守空船，繞船明月江水寒。
夜深忽夢少年事，夢啼妝淚紅闌干。
我聞琵琶已歎息，又聞此語重唧唧。
同是天涯淪落人，相逢何必曾相識。
我從去年辭帝京，謫居臥病潯陽城。
潯陽地僻無音樂，終歲不聞絲竹聲。
住近湓城地低濕，黃蘆苦竹繞宅生。
其間旦暮聞何物，杜鵑啼血猿哀鳴。
春江花朝秋月夜，往往取酒還獨傾。
豈無山歌與村笛。嘔啞嘲哳難為聽。

今夜聞君琵琶語，如聽仙樂耳暫明。

莫辭更坐彈一曲，為君翻作琵琶行。

感我此言良久立，卻坐促弦弦轉急。

淒淒不似向前聲，滿座重聞皆掩泣。

座中泣下誰最多。江州司馬青衫濕。

賦得古原草送別

離離原上草，一歲一枯榮。

野火燒不盡，春風吹又生。

遠芳侵古道，晴翠接荒城。

又送王孫去，萋萋滿別情。

花非花

花非花，霧非霧。夜半來，天明去。

來如春夢幾多時，去似朝雲無覓處。

劉禹錫（772-842）字夢得，唐代名詩歌作家，貞元進士，官至禮部尚書。其詩通俗清新，“竹枝詞”“柳枝詞”等詩富有民歌特色，為唐代詩中別開生面之作。

竹枝詞

（其一）

楊柳青青江水平，聞郎江上唱歌聲。

東邊日出西邊雨，道是無情卻有情。

楊柳枝詞六選二

（其一）

塞北梅花羌笛吹，淮南桂樹小山詞。

請君莫奏前朝曲，聽唱新翻楊柳枝。

（其六）

煬帝行宮汴水濱，數株殘柳不勝春。

晚來風起花如雪，飛入宮牆不見人。

烏衣巷

朱雀橋邊野草花，烏衣巷口夕陽斜，

舊時王謝堂前燕，飛入尋常百姓家。

蜀先主廟

天地英雄氣，千秋尚凜然。

勢分三足鼎，業復五銖錢。

得相能開國，生兒不象賢。

淒涼蜀故妓，來舞魏宮前。

台　城

台城六代競豪華，結綺臨春事最奢。

萬戶千門成野草，只緣一曲後庭花。

元稹（779-831）字微之，唐代名詩歌作家，官至監察御史，與白居易為莫逆之交，兩人唱和極多，共同倡導“新樂府”運動，世稱“元白”。

聞樂天授江州司馬

殘燈無焰影幢幢，此夕聞君謫九江。

垂死病中驚坐起，暗風吹雨入寒窗。

重贈樂天

休遣玲瓏唱我詩，我詩多是別君詞。

明朝又向江頭別，日落潮平是去時。

行　宮

寥落古行宮，宮花寂寞紅。

白頭宮女在，閑坐說玄宗。

遣悲懷三首錄二

（其一）

謝公最小偏憐女，自嫁黔婁百事乖。

顧我無衣搜藎篋，泥他沽酒拔金釵。

野蔬充膳甘長藿，落葉添薪仰古槐。

今日俸錢過十萬，與君營奠復營齋。

（其二）

昔日戲言身後事，今朝都到眼前來。

衣裳已施行看盡，針線猶存未忍開。

尚想舊情憐婢僕，也曾因夢送錢財。

誠知此恨人人有，貧賤夫妻百事哀。

杜牧（803-853）字牧之，唐代名詩歌作家，太和進仕，歷任觀察使，監察御史，官終至中書舍人。詩歌與李商隱齊名。世稱"小李杜"。其詩以七絕，七律最爲精彩。

赤　壁

折戟沉沙鐵未銷，自將磨洗認前朝。

東風不與周郎便，銅雀春深鎖二喬。

贈　別

娉娉嫋嫋十三餘，豆蔻梢頭二月初。

春風十里揚州路，卷上珠簾總不如。

清　明

清明時節雨紛紛，路上行人欲斷魂，

借問酒家何處有？牧童遙指杏花村。

秦淮夜泊

煙籠寒水月籠沙，夜泊秦淮近酒家，

商女不知亡國恨，隔江猶唱後庭花。

遣　懷

落魄江湖載酒行，楚腰纖細掌中輕，

十年一覺揚州夢，贏得青樓薄倖名。

山 行

遠上寒山石徑斜，白雲深處有人家，

停車坐愛楓林晚，霜葉紅於二月花。

李商隱（813-858）字義山，唐代名詩歌作家，開成進士，歷佐幕府，終於東川節度使判官，檢校工部員外郎。因受當時牛李黨爭影響，政治上屢受排擠，潦倒終身。詩歌與杜牧齊名，世稱“小李杜”，爲晚唐重要詩人。

登樂游原

向晚意不適，驅車登古原。

夕陽無限好，只是近黃昏。

風 雨

淒涼寶劍篇，羈泊欲窮年。

黃葉仍風雨，青樓自管弦。

新知遭薄俗，舊好隔良緣。

心斷新豐酒，消愁斗幾千。

無 題

相見時難別亦難，東風無力百花殘。

春蠶到死絲方盡，蠟炬成灰淚始乾。

曉鏡但愁雲鬢改，夜吟應覺月光寒。

蓬山此去無多路，青鳥殷勤為探看。

錦 瑟

錦瑟無端五十弦，一弦一柱思華年，

莊生曉夢迷蝴蝶，望帝春心托杜鵑。

滄海月明珠有淚，藍田日暖玉生煙。

此情可待成追憶，只是當時已惘然。

李煜（937-978）字重光，五代時期南唐最後一個皇帝，史稱李後主。他為人仁惠。有慧性，善書畫，知音律，傳世的詩，詞很多，影響後世深遠。

相見歡

無言獨上西樓，月如鈎，寂寞梧桐深院鎖清秋。

剪不斷，理還亂，是離愁。別是一番滋味在心頭。

虞美人

春花秋月何時了？往事知多少？小樓昨夜又東風，故國不堪回首月明中。

雕欄玉砌應猶在，只是朱顏改。問君能有幾多愁？恰似一江春水向東流。

浪淘沙

簾外雨潺潺，春意闌珊。羅衾不耐五更寒。夢裏不知身是客。一晌貪歡。

獨自莫憑欄，無限江山，別時容易見時難，流水落花春去也，天上人間。

菩薩蠻

蓬萊院閉天臺女，畫堂畫眠人無語。拋枕翠雲光，繡衣聞異香。潛來珠鎖動，驚覺銀屏夢，臉漫笑盈盈，相看無限情。

第五篇　宋　朝

西元 960 年，宋太祖趙匡胤廢後周建立宋朝。

宋詩詞在中國詩歌發展史上，是豐富多彩的，源遠流長的，宋代三百多年來，詩壇十分活躍，產生了許多傑出的詩人，最具代表性的作家及其作品：有歐陽修、王安石、柳永、蘇軾、黃庭堅、秦觀、賀鑄、李清照、岳飛、陸游、辛棄疾、文天祥等人。

宋初，詩詞主要是繼承了晚唐五代的風氣，詞藻典麗。而內容空虛，這種現象，一直延伸到北宋中葉才獲得改善。

北宋中葉年間，文壇領袖歐陽修倡導的文風改革主張，獲得支持，後經作家們的努力，詩，詞都產生了變化，建立了趙宋一代的特殊風格，出現了一個以“宋詞”創作的繁榮局面。

柳永是北宋早期“婉約”詞派的代表，他不但擴大了詞的題材，且在促使慢詞的成熟上，也有不小的功績。蘇軾更是別開生面的建立了與前不同“豪放”派詞風，不僅擴展了詞的領域，更使詞和詩一樣可以反映廣大的社會生活，這也就是爲後來南宋愛國詞人辛棄疾開了先路。

從北宋中葉到南宋，詞壇上又出現許多偉大的愛國創作家，使詞的創作有更進一步的發展。最後，使宋詞在文學史上獲得與唐詩，元曲並稱的光榮。

歐陽修（1007-1072）字永叔，號醉翁。天聖進士。官

至樞密副使、參知政事。為唐宋八大家之一，是北宋古文運
動領袖，其詩詞平易自然，各具特色。

戲答元珍

春風疑不到天涯，二月山城未見花。

殘雪壓枝猶有橘，凍雷驚筍欲抽芽。

夜聞啼雁生鄉思，病入新年感物華。

曾是洛陽花下客，野芳雖晚不須嗟。

畫眉鳥

百囀千聲隨意移，山花紅紫樹高低。

始知鎖向金籠裏，不及林間自在啼。

別　滁

花光濃爛柳輕明，酌酒花前送我行。

我亦且如常日醉，莫教弦管作離聲。

豐樂亭遊春

紅樹青山日欲斜，長郊草色綠無涯。

遊人不管春將老，來往亭前踏落花。

踏沙行

候館梅殘，溪橋柳細。草薰風緩搖征轡，離愁漸遠漸
無窮，迢迢不斷如春水。

寸寸柔腸，盈盈粉淚，樓高莫近危欄倚。平蕪盡處是
春山，行人更在春山外。

生查子

去年元夜時，花市燈如畫，月上柳梢頭，人約黃昏後。

今年元夜時，月與燈依舊，不見去年人，淚滿春衫袖。

玉樓春

別後不知君遠近，觸目淒涼多少悶，漸行漸遠漸無

書。水闊魚沉何處問。

夜深風竹敲秋韻，萬葉千聲皆是恨。故欹草枕夢中尋，夢又不成燈又燼。

蝶戀花

庭院深深深幾許，楊柳堆煙。簾幕無重數，玉勒雕鞍遊冶處。樓高不見章台路。

雨橫風狂三月暮，門掩黃昏。無計留春住。淚眼問花花不語，亂紅飛過秋千去。

王安石（1021-1086）字介甫，北宋文學家，曾任宰相，創新法，改革舊政。是一個進步的政治家，文學家，爲唐宋文學八大家之一。詩詞各具特色。

夜　直

金爐香盡漏聲殘，剪剪輕風陣陣寒。

春色惱人眠不得，月移花影上闌干。

泊船瓜洲

京口瓜洲一水間，鍾山只隔數重山。

春風又綠江南岸，明月何時照我還？

元　旦

爆竹聲中一歲除，春風送暖入屠蘇。

千門萬戶瞳瞳日，總把新桃換舊符。

登飛來峰

飛來峰上千尋塔，聞說雞鳴見日升。

不畏浮雲遮望眼，自緣身在最高層。

南鄉子

自古帝王州，鬱鬱蔥蔥佳氣浮，四百年來成一夢，堪愁。晉代衣冠成古丘。

繞水恣行遊，上盡層城更上樓。往事悠悠君莫問，回
頭。欄外長江空自流。

菩薩蠻

數家茅屋閑臨水，輕衫短帽垂楊裏。花是去年紅，吹
開一夜風。梢梢新月偃。午醉醒來晚。何物最關情？
黃鸝一兩聲。

桂枝香　金陵懷古

登臨送目，正故國晚秋，天氣初肅。千里澄江似練，
翠峰如簇。歸帆去棹殘陽裏，背西風，酒旗斜矗。彩
舟雲淡，星河鷺起，畫圖難足。

念往昔，繁華競逐。歎門外樓頭，悲恨相續。千古憑
高，對此漫嗟榮辱。六朝舊事如流水，但寒煙，衰草
凝綠，至今商女，時時猶唱《後庭》遺曲。

柳永（987-1053）字耆卿，北宋文學家。景佑進士，官
至屯田員外郎，世稱柳七，柳屯田。他的一生抑鬱不得志，
而獨以詞著稱於世。為北宋初期著名詞人。他精通音律，善
於鋪敘和使用俚俗語言，大量製作慢詞長調，對詞的發展起
了推動作用。

雨霖鈴　寒蟬淒切

寒蟬淒切，對長亭晚，驟雨初歇。都門帳飲無緒。留
戀處，蘭舟催發。執手相看淚眼，竟無語凝噎。念去
去，千里煙波，暮靄沉沉楚天闊。

多情自古傷離別，更那堪、冷落清秋節。今宵酒醒何
處？楊柳岸、曉風殘月。此去經年，應是良辰好景虛
設。便縱有千種風情，更與何人說？

八聲甘州　對瀟瀟

對瀟瀟，暮雨灑江天，一番洗清秋。漸霜風淒緊，關河冷落，殘照當樓。是處紅衰翠減。苒苒物華休。惟有長江水，無語東流。

不忍登高臨遠，望故鄉渺邈，歸思難收。歎年來蹤跡，何事苦淹留。想佳人，妝樓顒望，誤幾回。天際識歸舟。爭知我，倚闌干處，正恁凝愁？

晝夜樂

洞房記得初相遇，便只合長相聚。何期小會幽歡，變作離情別緒。況值闌珊春色暮。對滿目，亂花狂絮。直恐風光好，盡隨伊歸去。

一場寂寞憑誰訴。算前言，總輕負。早知恁地難拼，悔不當時留住。其奈風流端正外，更別有，系人心處。一日不思量，也攢眉千度。

思歸樂

天幕清和堪宴聚。相得盡，高陽儔侶。皓齒善歌長袖舞。漸引入，醉鄉深處。

晚歲光陰能幾許。這巧宦，不須多取。共君把酒聽杜宇。解再三，勸人歸去。

蘇軾（1037-1101）字子瞻，號東坡居士。北宋文學家，嘉佑進士，在政治上屬舊黨，但他有改革弊政的要求。為唐宋文學八大家之一。其詩清新豪健，詞屬豪放一派。

和子由澠池懷舊

人生到處知何似？應似飛鴻踏雪泥。

泥上偶然留指爪，鴻飛那復計東西。

老僧已死成新塔，壞壁無由見舊題。

往日崎嶇還記否？路長人困蹇驢嘶。

東　坡

雨洗東坡月色清，市人行盡野人行。

莫嫌犖確坡頭路，自愛鏗然曳杖聲。

題西林壁

橫看成嶺側成峰，遠近高低各不同。

不識廬山真面目，只緣身在此山中。

贈劉景文

荷盡已無擎雨蓋，菊殘猶有傲霜枝。

一年好景君須記，最是橙黃橘綠時。

西江月

世事一場大夢，人生幾度秋涼，夜來風葉已鳴廊，看取眉頭鬢上。酒賤常愁客少，月明多被雲妨。中秋誰與共孤光。把琖淒然北望。

水調歌頭　明月幾時有

明月幾時有，把酒問青天。不知天上宮闕，今夕是何年？我欲乘風歸去，又恐瓊樓玉宇，高處不勝寒。起舞弄清影，何似在人間！

轉朱閣，低綺戶，照無眠。不應有恨，何事長向別時圓？人有悲歡離合，月有陰晴圓缺，此事古難全。但願人長久，千里共嬋娟。

念奴嬌　赤壁懷古

大江東去，浪淘盡千古風流人物。故壘西邊，人道是三國周郎赤壁。亂石穿空，驚濤拍岸，卷起千堆雪。江山如畫，一時多少豪傑。

遙想公瑾當年，小喬初嫁了，雄姿英發。羽扇綸巾，談笑間，檣櫓灰飛煙滅。故國神遊，多情應笑我，早生華髮。人間如夢，一樽還酹江月。

　　黃庭堅（1045-1105）字魯直，自號山谷道人，治平進士，曾任國子監教授，國史編修官等職。蘇門四學士之一，北宋著名詩人，開創了江西詩派。亦頗負詞名和秦觀並稱"秦黃"。現存詩詞各一百八十餘首。

牧　童

　　騎牛遠遠過前村，吹笛風斜隔壠聞。

　　多少長安名利客，機關用盡不如君。

登快樂閣

　　癡兒了卻公家事，快閣東西倚晚晴。

　　落木千山天遠大，澄江一道月分明。

　　朱弦已為佳人絕，青眼聊因美酒橫。

　　萬里歸船弄長笛，此心吾與白鷗盟。

病起荊江亭即事（十選一）

　　翰墨場中老伏波，菩提坊裏病維摩。

　　近人積水無鷗鷺，時有歸牛浮鼻過。

鄂州南樓書事（四選一）

　　四顧山光接水光，憑欄十裏芰荷香。

　　清風明月無人管，並作南來一味涼。

鷓鴣天

　　黃菊枝頭生曉寒，人生莫放酒杯乾，風前橫笛斜吹雨，醉裏簪花倒著冠。

　　身健在，且加餐。舞裙歌板盡情歡。黃花白髮相牽挽，付與時人冷眼看。

次高左藏使尹韻（定風波）

　　萬里黔中一漏天，屋居終日似乘船。及至重陽天也齊，催醉，鬼門關外蜀江前。

莫笑老翁猶氣岸，君看，幾人黃菊上華顛？戲馬台南
追兩謝，馳射，風流猶拍古人肩。

秦觀（1049-1100）字少游，北宋詞人。曾任秘書省正
字，兼國史院編修官等職。文辭爲蘇軾所賞識，是“蘇門四
學士”之一。工詩詞。詞多寫男女愛情，也頗有感傷身世之
作，風格委婉含蓄，清麗雅淡。

鵲橋仙

纖雲弄巧，飛星傳恨，銀漢迢迢暗度。金風玉露一相
逢，便勝卻人間無數。

柔情似水，佳期如夢，忍顧鵲橋歸路。兩情若是久長
時，又豈在朝朝暮暮。

浣溪沙

漠漠輕寒上小樓，曉陰無賴似窮秋，淡煙流水畫屏幽。

自在飛花輕似夢，無邊絲雨細如愁，寶簾閒掛小銀鉤。

踏莎行

霧失樓臺，月迷津渡，桃源望斷無尋處。可堪孤館閉
春寒，杜鵑聲裏斜陽暮。

驛寄梅花，魚傳尺素，砌成此恨無重數。郴江幸自繞
郴山。為誰流下瀟湘去。

賀鑄（1052-1125）字方回，北宋詞人。元佑中通判泗
州。又倅太平州。退居吳下，自號慶湖遺老。其詞題材較豐
富，風格也多有所變化，兼有豪放，婉約二派之長，善於融
化前人成句，用韻特嚴，富有節奏感和音樂美。

踏莎行

楊柳回塘，鴛鴦別浦，綠萍漲斷蓮舟路。斷無蜂蝶慕

幽香，紅衣脫盡芳心苦。

返照迎潮，行雲帶雨，依依似與騷人語，當年不肯嫁春風，無端卻被秋風誤。

好女兒

車馬匆匆，會國門東，信人間，自古銷魂處。指紅塵北道，碧波南浦，黃葉西風。

候館娟娟新月，從今夜，與誰同？想深閨，獨守空床思，但頻占鏡鵲，悔分釵燕，長望書鴻！

浣溪沙

不信芳春厭老人，老人幾度送餘春，惜春行樂莫辭頻。

巧笑豔歌皆我意。惱花顛酒拼君嗔，物情惟有醉中真。

李清照（1084-1151）南宋女詞人，父李格非為當時著名學者，夫趙明誠為金石考據家，早期生活優裕，金兵入據中原，流寓南方，明誠病死，境遇孤苦。所作詞，前期多反映其悠閒生活，後期多悲歎身世，情調感傷。

夏日絕句

生當作人傑，死亦為鬼雄。

至今思項羽，不肯過江東。

題八詠樓

千古風流八詠樓，江山留與後人愁。

水通南國三千里，氣壓江城十四州。

醉花陰

薄霧濃雲愁永晝，瑞腦消金獸。佳節又重陽，玉枕紗廚，半夜涼初透。

東籬把酒黃昏後，有暗香盈袖。莫道不消魂，簾卷西風，人比黃花瘦。

聲聲慢

尋尋覓覓，冷冷清清，淒淒慘慘戚戚。乍暖還寒時候，最難將息。三杯兩盞淡酒，怎敵他晚來風急？雁過也，正傷心，卻是舊時相識。

滿地黃花堆積，憔悴損，如今有誰堪摘？守著窗兒，獨自怎生得黑？梧桐更兼細雨，到黃昏，點點滴滴。這次第，怎一個愁字了得。

念奴嬌

蕭條庭院，有斜風細雨，重門須閉。寵柳嬌花寒食近，種種惱人天氣。險韻詩成，扶頭酒醒，別是閒滋味。征鴻過盡，萬千心事難寄。

樓上幾日春寒，簾垂四面，玉闌干慵倚。被冷香消新夢覺，不許愁人不起。清露晨流，新桐初引，多少游春意。日高煙斂，更看今日晴未。

岳飛（1101-1141）字鵬舉，南宋抗金名將，因堅持抗金，反對議和，爲秦檜所害。他的文學作品不多，但質量很高，有文集傳世。

小重山

昨夜寒蛩不住鳴，驚回千里夢，已三更。起來獨自繞階行，人悄悄，簾外月朧明。

白首為功名。舊山松竹志，阻歸程。欲將心事付瑤琴，知音少，弦斷有誰聽？

滿江紅

怒髮衝冠，憑闌處，瀟瀟雨歇。抬望眼，仰天長嘯，壯懷激烈。三十功名塵與土，八千里路雲和月。莫等閒白了少年頭，空悲切。

靖康恥，猶未雪，臣子憾，何時滅。駕長車踏破賀蘭
山缺。壯志饑餐胡虜肉，笑談渴飲匈奴血，待從頭，
收拾舊山河，朝天闕。

陸游（1151-1210）字務觀，號放翁，南宋詩詞作家，
在仕途上堅持抗金，受到當權派的排斥打擊。中年以後，軍
事生活豐富了他的文學內容。其愛國詩篇感情真摯，氣勢磅
礴。詞亦掃盡纖豔。超然拔俗，自成一家。

夜讀兵書

孤燈耿霜夕，窮山讀兵書。
平生萬里心，執戈王前驅。
戰死士所有，恥復守妻孥。
成功亦邂逅，逆料政自疏。
陂澤號饑鴻，歲月欺貧儒。
歎息鏡中面，安得長膚腴。

聞武均州報已復西京

白髮將軍亦壯哉，西京昨夜捷書來。
胡兒敢作千年計，天意寧知一日回。
列聖仁恩深雨露，中興赦令疾風雷。
懸知寒食朝陵使，驛路梨花處處開。

哀郢（二選一）

遠接商周祚最長，北盟齊晉勢爭強。
章華歌舞終蕭瑟，雲夢風煙舊莽蒼。
草合故宮惟雁起。盜穿荒塚有狐藏。
離騷未盡靈均恨，志士千秋淚滿裳。

示 兒

死去原知萬事空，但悲不見九州同。

王師北定中原日，家祭無忘告乃翁。

鵲橋仙

一竿風月，一蓑煙雨，家在釣台西住。賣魚生怕近城
門，況肯到，紅塵深處？

潮生理棹，潮平系纜，潮落浩歌歸去。時人錯把比嚴
光，我自是，無名漁父。

訴衷情

當年萬里覓封侯，匹馬戍梁州。關河夢斷何處，塵暗舊
貂裘。

胡未滅，鬢先秋，淚空流。此身誰料，心在天山，身老
滄州。

漁家傲

東望山陰何處是？往來一別三千里。寫得家書空滿
紙。流清淚，書回已是明年事。

寄語紅橋橋下水，扁舟何日尋兄弟？行遍天涯真老
矣。愁無寐，鬢絲幾縷茶煙裏。

好事近

歲晚喜東歸，掃盡市朝陳跡。揀得亂山環處，釣一潭
澄碧。

賣魚沽酒醉還醒，心事付橫笛。家在萬重雲外，有沙鷗
相識。

辛棄疾（1140-1207）字幼安，號稼軒。少年時即率軍
抗金。南渡後歷任建康府通判，江西，湖南安撫使等職。因
力主抗金而遭免職。閒居江西鉛山農村二十年，憂憤成疾而
死。辛詞題材廣闊，意境深遠，風格以豪放悲壯爲主。充滿
愛國主義激情，對後世產生了深遠的影響。

送劍與傅岩叟

鏌邪三尺照人寒，試與挑燈仔細看。

且掛空齋作琴伴，未得攜去斬樓蘭。

游武夷，作棹歌呈晦翁十首（選二）

其一

一水奔流疊嶂開，溪頭千步響如雷。

扁舟費盡篙師力，咫尺平瀾上不來。

其二

山上風吹笙鶴聲，山前人望翠雲屏。

蓬萊枉覓瑤池路，不道人間有幔亭。

壽韓南澗　水龍吟

渡江天馬南來，幾人曾是經綸手？長安父老，新亭風
景，可憐依舊。夷甫諸人，神州陸沉，幾曾回首！算
平戎萬裏，功名本是真儒事，公知否？

況有文章山斗，對桐陰，滿庭清晝。當年墮地。而今
試看，風雲奔走。綠野風煙，平泉草木，東山歌酒。
待他年整頓，乾坤事了，為先生壽。

遣興　西江月

醉裏且貪歡笑，要愁那得功夫。近來始覺古人書，信
著全無是處。

昨夜松邊醉倒，問松"我醉何如？"幾疑松動要來
扶，以手推松曰："去"。

題江西造口壁　菩薩蠻

郁孤台下清江水，中間多少行人淚。西北望長安，可
憐無數山。

青山遮不住，畢竟東流去。江晚正愁餘。山深聞鷓鴣。

文天祥（1236-1282）名雲孫，字天祥，號文山，寶佑進士、曆官江西提刑，平江知府，仕到右丞相兼樞密使，封信國公。他的詩詞和散文記錄了抗元鬥爭的經歷，表達了強烈的愛國思想。

揚子江

幾日隨風北海遊，回從揚子大江頭。

臣心一片磁鍼石，不指南方不肯休。

過零丁洋

辛苦遭逢起一經，干戈落落四周星。

山河破碎風拋絮，身世浮沉雨打萍。

惶恐灘頭說惶恐，零丁洋裏歎零丁。

人生自古誰無死，留取丹心照汗青。

正氣歌

天地有正氣，雜然賦流形。下則為河嶽，上則為日星。

於人日浩然，沛乎塞蒼冥。皇路當清夷，含和吐明庭。

時窮節乃見，一一垂丹青。在齊太史簡，在晉董狐筆。

在秦張良椎，在漢蘇武節。為嚴將軍頭，為嵇侍中血。

為張睢陽齒，為顏常山舌。或為遼東帽，清操厲冰雪。

或為出師表，鬼神泣壯烈。或為渡江楫，慷慨吞胡羯。

或為擊賊笏，逆豎頭破裂。是氣所磅薄，凜烈萬古存。

當其貫日月，生死安足論。地維賴以立，天柱賴以尊。

三綱實系命，道義為之根。嗟予遘陽九，隸也實不力。

楚囚纓其冠，傳車送窮北。鼎鑊甘如飴。求之不可得。

陰房闃鬼火，春院閟天黑。牛驥同一皁，雞棲鳳凰食。

一朝蒙霧露，分作溝中瘠。如此再寒暑，百沴自辟易。

哀哉沮洳場，為我安樂國。豈有他繆巧，陰陽不能賊。

顧此耿耿在，仰視浮雲白。悠悠我心悲，蒼天曷有極！

哲人日已遠，典型在夙昔。風簷展書讀，古道照顏色。

無名氏　九張機

"九張機"是下層文人模擬民歌而創作一組詞，共九首，內容上前後有某些聯繫。這組詞歌詠一個普通織綿女子的愛情，細膩地剖析了一個純情少女的戀愛心理。

一張機，采桑陌上試春衣。風晴日暖慵無力，桃花枝上，啼鶯言語，不肯放人歸。

兩張機，行人立馬意遲遲。深心未忍輕分付，回頭一笑，花間歸去，只恐被花知。

三張機，吳蠶已老燕雛飛。東風宴罷長洲苑，輕綃催趁，館娃宮女，要換舞時衣。

四張機，咿啞聲裏暗顰眉。回梭織朵垂蓮子，盤花易綰，愁心難整，脈脈亂如絲。

五張機，橫紋織就沈郎詩。中心一句無人會，不言愁恨，不言憔悴，只恁寄相思。

六張機，行行都是耍花兒，花間更有雙蝴蝶。停梭一晌，閑窗影裏，獨自看多時。

七張機，鴛鴦織就又遲疑。只恐被人輕裁剪，分飛兩處，一場離恨，何計再相隨。

八張機，回紋知是阿誰詩？織成一片淒涼意。行行讀遍，厭厭無語，不忍更尋思。

九張機，雙花雙葉又雙枝。薄情自古多離別。從頭到底，將心縈系，穿過一條絲。

第六篇　元　朝

　　西元 1277 年，元世祖忽必烈覆滅南宋，結束戰爭，建立元朝。國家分裂百年的局面，終於獲得統一。自建國到滅亡，僅維持了 90 年。

　　元朝前身是蒙古帝國，開國首領是成吉思汗鐵木真。國家經濟，文化落後，生產生活都離不開放牧。

　　元初文學以雜劇成就最大。雜劇產生於宋末元初時期，是新興的一種文學樣式。後經作家不斷努力，作品不斷創新。最後演變成一種“曲”的文學體裁，使“元曲”在中國文史上獲得與唐詩，宋詞並稱的光榮。

　　“曲”是韻文文學的一種，廣義是指秦漢以來各種可入樂的樂曲，如漢大曲，唐宋大曲，民間小曲等。通常則多指宋代以來的“南曲”和“北曲”。

　　“曲”又可分為“戲曲”與“散曲”兩類。

　　“戲曲”（含雜劇，傳奇）是中國傳統的戲劇形式，包括文學，音樂，舞蹈，美術，武術，雜技，以及人物扮演等各種因素的綜合藝術。淵源于秦漢樂舞。唐代參軍戲，北宋形成的宋雜劇。（金稱院本）南宋時，溫州一帶產生的南戲，一般認為是中國戲曲最早的成熟形式。

　　“散曲”和詩，詞一樣，用於抒情，寫景，敍事，有散套與小令二種，散套通常用同一宮調的若干曲子組成，長短不論，一韻到底。小令通常一支曲子為獨立單位，但可以重複，各首用韻可以互異，有別於散套。還有以兩支或三支曲調爲一個單位的帶過曲，也屬於小令的一體。

元雜劇最具代表的作家作品。有關漢卿的"竇娥冤"，王實甫的"西廂記"，馬致遠的"漢宮秋"，白樸的"梧桐雨"，鄭光祖的"倩女離魂"。

元代散曲最盛。元詞不免稍遜。元詞的作家。大都地位較高，詞的題材狹窄。反映社會的作品也不多。最具代表性的作家及其作品，有元好問，段克已，段成已，劉因。趙孟頫，薩都刺等人。

元散曲最具代表性的作家，有關漢卿，白樸，王實甫，馬致遠，鄭光祖，盧摯，張養浩，喬吉，張可久，徐再思。

元詩的內容：多是曲折地流露出對故國（宋金）的懷念和同情，歌頌祖國壯麗山河，反映民間疾苦，揭露統治者罪惡之作。

最具代表性的作家及其作者，有元好問，劉因，趙孟頫，薩都刺，王冕等人。

元好問（1190-1257）字裕之，號遺山，金興定進士，曾任行尚書省左司員外郎等職。入元後不再出仕。其詩多關心民生疾苦，暴露社會黑暗，詩風沉致蒼勁，對當時詩壇影響甚大。

癸巳五月三日北渡三首

其一

　　道旁僵臥滿累囚，過去旃車似水流。

　　紅粉哭隨回鶻馬，為誰一步一回頭。

其二

　　隨營木佛賤于柴，大樂編鐘滿市排。

虜掠幾何君莫問，大船渾載汴亦來。

其三

白骨縱橫似亂麻，幾年桑梓變龍沙。
只知河朔生靈盡，破屋疏煙卻數家。

秋 懷

涼夜蕭蕭散雨聲，虛堂淅淅掩霜清。
黃花自與西風約，白髮先從遠客生。
吟似候蟲秋更苦，夢如寒鵲夜頻驚。
何時石嶺關頭路，一望家山眼暫明。

論詩（選三）

其一

一語天然萬古新，豪華落盡見真淳。
南窗白日羲皇上，未害淵明是晉人。

其二

慷慨歌謠絕不傳，穹廬一曲本天然。
中州萬古英雄氣，也到陰山敕勒川。

其三

望帝春心托杜鵑，佳人錦瑟怨華年。
詩家總愛西崑好，獨恨無人作鄭箋。

觀別 江城子

旗亭誰唱渭城詩。酒盈卮，兩相思。萬古垂楊，都是
折殘枝。舊見青山青似染，緣底事，澹無姿。
情緣不到木腸兒，鬢成絲，更須辭。只恨芙蓉，秋露
洗煙脂。為問世間離別淚，何日是，滴休時。

臨江仙

今古北邙山下路，黃塵老盡英雄。人生長恨水長東。

幽懷誰共語，遠目送歸鴻。

蓋世功名將底用，從來錯怨天公。浩歌一曲酒千鍾，
男兒行處是，未要論窮通。

鷓鴣天

只近浮名不近情，且看不飲更何成？三杯漸覺紛華
近，一斗都澆塊壘平。

醒復醉，醉還醒。靈均憔悴可憐生。《離騷》讀殺渾
無味，好個詩家阮步兵。

清平樂

離腸宛轉，瘦覺妝痕淺。飛去飛來雙語燕，消息知郎
近遠？

樓前小雨珊珊，海棠簾幕輕寒。杜宇一聲春去，樹頭
無數青山。

段克巳（1196-1254）字復之，號遯庵。金元時與弟段成巳擅
名文壇，被稱爲"二妙"。金末進士，入元不仕。避居龍門山，
人們贊之爲"儒林標榜"。

鷓鴣天

颭颭輕舟逆上溪，何時柳樹已成圍。貪看歸鳥投林
急，不覺殘花入座飛。

蘭棹舉，曲塵霏，新荷挽斷有餘絲。酒酣卻對青山笑，
面目蒼然不入時。

劉因（1249-1293）字夢吉，號靜修，元世祖徵召爲承
德郎，右贊善大夫，不久以母病辭歸。後以集賢學士徵召，
又以病辭。精研理學、工詩詞。受元好問影響較深。

白雁行

北風初起易水寒，北風再起吹江干。

　　北風三吹白雁來，寒氣直薄朱崖山。

　　乾坤噫氣三百年，一風掃地無留殘。

　　萬里江湖想瀟灑，佇看春水雁來還。

山　家

　　馬蹄踏水亂明霞，醉袖迎風受落花。

　　怪見溪童出門望，鵲聲先我到山家。

觀梅有感

　　東風吹落戰塵沙，夢想西湖處士家。

　　只恐江南春意減，此心原不為梅花。

玉樓春

　　未開常探花開未。又恐開時風雨至。花開風雨不相
妨，說甚不來花下醉。

　　百年枉作千年計。今日不知明日事。春風欲勸座中
人。一片落紅當眼墜。

人月圓

　　自從謝病修花史，天意不容閑，今年新授，平章風月，
檢校雲山。

　　門前報道，麥曲生來渴，墨子相看。老子正爾，天張
翠幕，山擁雲鬟。

　　趙孟頫（1254-1322）字子昂，號松雪道人。宋宗室，
以父蔭補官，入元，官至翰林學士。精於書畫，稱雄一世。
詩風清逸和婉，詞也有風致，為人所稱、冠絕當時。

岳鄂王墓

　　鄂王墓上草離離，秋日荒涼石獸危。

　　南渡君臣輕社稷，中原父老望旌旗。

　　英雄已死嗟何及，天下中分遂不支。

莫向西湖歌此曲，水光山色不勝悲。

絕　句

春寒側側掩重門，金鴨香殘火尚溫。

燕子不來花又落，一庭風雨自黃昏。

虞美人

浙江舟中作

潮生潮落何時了？斷送行人老。消沉萬古意無窮，盡
在長空淡淡鳥飛中。

海門幾點青山小，望極煙波渺。何當駕我以長風？便
欲乘桴浮到日華東。

　　薩都剌（1272-1357）字天錫，號直齋，泰定進士，官
淮西江北道經歷。所作以官詞、絕情樂府著名。詩風清麗俊
逸，文辭雄健，間有豪情奔放之作。以自然景物為題的山水
詩較為出色。也有反映民間疾苦的作品。

芙蓉曲

秋江渺渺芙蓉芳，秋江女兒將斷腸。

絳袍春淺護雲暖，翠袖日暮迎風涼。

（其二）

鯉魚吹浪江濃白，霜落洞庭飛木葉。

蕩舟何處採蓮人，愛惜芙蓉好顏色。

燕姬曲

燕京女兒十六七，顏如花紅眼如漆。

蘭香滿路馬塵飛，翠袖籠鞭嬌欲滴。

（其二）

春風駘蕩搖春心，錦箏銀燭高堂深。

繡衾不暖錦鴛夢，紫簾垂霧天沉沉。

（其三）

芳年誰惜去如水，春困著人倦梳洗。

夜來小雨潤天街，滿院楊花飛不起。

秋日池上

顧茲林塘幽，消此閑日永。

飄風亂萍蹤，落葉散魚影。

天清曉露涼，秋深藕花冷。

有懷無與言，獨立心自省。

宮 詞

深夜宮車出建章，紫衣小隊兩三行。

石欄干畔銀鐙過，照見芙蓉葉上霜。

滿江紅

六代豪華，春去也，更無消息。空悵望，山川形勝，

已非疇昔。王謝堂前雙燕子，烏衣巷口曾相識。聽夜

深寂寞打孤城，春潮急。

思往事，愁如織；懷故國，空陳跡。但荒煙衰草，亂

鴉斜日。玉樹歌殘秋露冷，胭脂井壞寒螿泣。到如今

只有蔣山青、秦淮碧。

登石頭城（百字令）

石頭城上，望天低吳楚，眼空無物。指點六朝形勝地。

唯有青山如壁。蔽日旌旗，連雲檣櫓，白骨紛如雪。

一江南北，消磨多少豪傑。

寂莫避暑離宮，東風輦路，芳草年年發，落日無人松

徑裏，鬼火高低明滅。歌舞尊前。繁華鏡裏，暗換青

青髮。傷心千古，秦淮一片明月。

王冕（1287-1359）字元章，號煮石山農。出身農家，

幼時放牛，常偷入學舍聽課，夜則去佛寺長明燈下讀書，成通儒。曾考進士，未成。性孤傲，鄙視權貴，終生隱居。能詩善畫，尤工墨梅。詩自然質樸，多反映民間疾苦。

猛虎行

去年江北多飛蟲，今年江南多猛虎。
白日咆哮作隊行，人家不敢開門戶。
長林大穀風颼颼，四郊食盡耕田牛。
殘膏剩骨委丘墟，髑髏峭雨無人收。
老烏銜腸上枯樹，仰天烏烏為誰訴。
逋逃茫茫不見歸，歸來又苦無家住。
老翁老婦相對哭，布被多年不成幅。
天明起火無粒粟，那更打門苛政酷。
拆髖敗肘無全民，我欲具陳難具陳。
縱使移家向塵市，破甑猥俞喧成群。

應教題梅

剌剌北風吹倒人，乾坤無處不沙塵。
胡兒凍死長城下，誰信江南別有春？

墨　梅

我家洗硯池頭樹，朵朵花開淡墨痕。
不要人誇好顏色，只留清氣滿乾坤。

段成己（1199-1279）字誠之，號菊軒，與兄克己以文章擅名，被稱為“二妙”。金末進士。金亡後，與兄克己避地龍門山中，元世祖召其為平陽府儒學提舉，堅不赴任，閉門讀書。

臨江仙

走遍人間無一事，十年歸夢悠悠。行藏休更倚危樓。

亂山明月曉，滄海冷雲秋。

詩酒功名殊不惡，個中未減風流。西風吹散兩眉愁。

一聲長嘯罷，煙雨暗汀州。

關漢卿（約 1220-1300）號己齋，字漢卿。元曲四大家之首，一生創作雜劇六十多種。今存十八種，雜劇風格豪放。"竇娥冤"是雜劇典型代表。散曲風格與雜劇相近。

沉醉東風（雙調）

伴夜月銀錚鳳閑，暖東風繡被常慳。信沉了魚，書絕了雁。盼雕鞍萬水千山。本利對相思若不遠，則告與那能索債愁眉淚眼。

碧玉蕭（雙調）

盼斷歸期，劃損短金篦。一搦腰圍。寬褪素羅衣。知他是甚病疾？好教人沒理會。揀口兒食，陡恁的無滋味。醫，越恁的難調理。

大德歌（雙調）

風飄飄，雨瀟瀟。便做陳摶也睡不著。懊惱傷懷抱，撲簌簌淚點拋。秋蟬兒噪罷寒蛩兒叫，淅零零細雨打芭蕉。

閒適二首選一（南呂）四塊玉

舊酒沒，新醅潑，老瓦盆邊笑呵呵。共山僧野叟閑吟和。他出一對雞，我出一個鵝，閑快活。

南畝耕，東山臥，世態人情經歷多。閑將往事思量過。賢的是他，愚的是我，爭甚麼！

別　情

自送別，心難舍，一點相思幾時絕？憑闌袖拂楊花雪，溪又斜，山又遮，人去也！

白樸（1226-？）字太素，號蘭穀，師從元好問。元曲四大家之一，現存"梧桐雨"等雜劇三種，散曲四十一首，風格清新灑脫。

慶東原（雙調）

忘憂草，含笑花，勸君聞早冠宜掛。那裏也能言陸賈？那裏也良謀子牙？那裏也豪氣張華？千古是非心，一夕漁樵話。

舞　駐馬聽（雙調）

鳳髻盤空，袅娜腰肢溫更柔。輕移蓮步，漢宮飛燕舊風流。謾催鼉鼓品梁州，鷓鴣飛起春羅袖。錦纏頭，劉郎錯認風前柳。

飲　（仙呂）寄生草

長醉後方何礙，不醒時有甚思？糟醃兩個功名字，醅淹千古興亡事，曲埋萬丈虹霓志。不達時皆笑屈原非，但知音盡說陶潛是。

秋景　（越調）天淨沙

孤村落日殘霞，輕煙老樹寒鴉，一點飛鴻影下，青山綠水，白草紅葉黃花。

王實甫（生卒年不詳，比關漢卿稍晚）名德信。元早期雜劇作家，以"西廂記"爲元雜劇第一劇，元曲四大家之一。現存散曲四首。

春睡　（中呂）山坡羊

雲松螺髻，香溫鴛被，掩春閨一覺傷春睡。柳花飛，小瓊姬，一片聲，雪下，呈祥瑞。把團圓夢兒生喚起。誰？不做美！呸，卻是你！

別情　（中呂）十二月過堯民歌

自別後遙山隱隱，更那堪遠水粼粼。見楊柳飛綿滾滾，對桃花醉臉醺醺。透內閣香風陣陣，掩重門暮雨紛紛。

怕黃昏忽地又黃昏，不銷魂怎地不銷魂！新啼痕壓舊啼痕，斷腸人憶斷腸人。今春，香肌瘦幾分，摟帶寬三寸。

馬致遠（約 1250-1324）號東籬，元曲四大家之一，著有"漢宮秋"等雜劇十五種。散曲集為"東籬樂府"。有"曲狀元"美稱。

秋思 （雙調）天淨沙

枯藤老樹昏鴉，小橋流水人家。古道西風瘦馬，夕陽西下，斷腸人在天涯。

撥不斷 （雙調）

歎寒儒，謾讀書。讀書須索題橋柱。題柱雖乘駟馬車，乘車誰買《長門賦》？且看了長安回去！

歎世 （雙調）折桂令

咸陽百二山河，兩字功名，幾陣干戈。項廢東吳，劉興西蜀，夢說南柯。韓信功兀的般證果，蒯通言那裏是風魔。成也蕭何，敗也蕭何，醉了由他。

野興二首 （雙調）清江引

西村日長人事少，一個新蟬噪，恰待葵花開，又早蜂兒鬧，高枕上夢隨蝶去了。

東籬本是風月主，晚節園林趣，一枕葫蘆架，幾行垂楊樹，是搭兒快活閒住處。

落梅風三首（雙調）

人初靜，月正明。紗窗外玉梅斜映。梅花笑人休弄影，月沉時一般孤零。

薔薇露，荷葉風。菊花霜冷香庭戶。梅梢月斜人影孤，恨薄情四時辜負。

因他害，染病疾。相識每勸咱是好意，相識若知咱就裏，和相識也一般憔悴。

春（越調）小桃紅

畫堂春暖秀幃重，寶篆香微動。此外虛名要何用？醉鄉中，東風喚醒梨花夢。主人愛客，尋常迎送，鸚鵡在金籠。

金字經二首（南呂）

絮飛飄白雪，鮓香荷葉風。且向江頭作釣翁。窮，男兒未濟中。風波夢　一場幻化中！

夜來西風裏，九天雕鶚飛。困煞中原一布衣。悲，故人知未知？登樓意，恨無上天梯。

鄭光祖（生卒年不詳）字德輝，元著名雜劇作家，曾作雜劇十八種。今存"倩女離魂"等八種。散曲創作不多，風格清麗。

夢中作（雙調）折桂令

半窗幽夢微茫，歌罷錢塘，賦罷高唐。風入羅幃，爽入疏櫺，月照紗窗。飄渺見梨花淡妝，依稀聞蘭麝餘香，喚起思量。待不思量，怎不思量！

前　調

弊裘塵土壓征鞍，鞭倦裊蘆花。弓劍蕭蕭，一竟入煙霞。動羈懷；西風禾黍，秋水兼葭；千點萬點，老樹寒鴉；三行兩行，寫高寒呀呀，雁落平沙；曲岸西邊，近水渦，魚網綸竿釣艇；斷橋東下，傍溪沙，疏籬茅

舍人家。見滿山滿谷，紅葉黃花。正是淒涼時候，離
人又在天涯。

盧摯（約 1243-1315）字處道，號疏齋，官至翰林學士
承旨，是當時文壇領袖。他的散曲今存一百多首，以風格清
麗見長。

題洞庭鹿角廟壁（黃鍾）節節高

雨晴雲散，滿江明月。風微浪息，扁舟一葉。半夜心，
三生夢，萬裏別。悶倚倚篷窗睡些。

宿邯鄲驛（南呂）金字經

夢中邯鄲道，又來走這遭。須不是山人索價高。時自
嘲，虛名無處逃。誰驚覺？曉露侵鬢毛。

別朱簾秀（雙調）落梅風

才歡悅，早間別，痛煞俺好難割捨。畫船兒載將春去
也！空留下半江明月。

秋景（雙調）沉醉東風

掛絕壁松枯倒倚，落殘霞孤鶩齊飛。四圍不盡山，一
望無窮水，散西風滿天秋意。夜靜雲帆月影低，載我在
瀟湘畫裏。

閒居（雙調）沉醉東風

恰離了綠水清山那塔，早來到竹籬茅舍人家。野花路
畔開，村酒槽頭榨，直吃的欠欠答答。醉了山童不勸
咱，白髮上黃花亂插。

重九（雙調）沉醉東風

題紅葉清流御溝，賞黃花人醉歌樓。天長雁影低，月
落山容瘦，冷清清暮秋時候。衰柳寒蟬一片愁，誰肯教
白衣送酒？

張養浩（1270-1329）字希孟，號雲莊。初為東乎學正，歷任縣尹，監察御史，禮部尚書，以敢諫著稱。散曲有 "雲莊休居自適小樂府"。多為歸隱時所作，有杜甫，白居易詩人憂國憂民精神。

慶東原（雙調）

鶴立花邊玉，鶯啼樹杪弦。喜沙鷗也解相留戀。一個衝開錦川，一個啼殘翠煙，一個飛上青天。詩句欲成時，滿地雲撩亂。

詠江南（雙調）水仙子

一江煙水照晴嵐，兩岸人家接畫簷。芰荷叢一段秋光淡，看沙鷗舞再三。卷香風十裏珠簾，畫船兒天邊至。酒旗兒風外颭，愛殺江南！

警世（中呂）紅繡鞋

才上馬齊聲兒喝道，只這的便是送了人的根苗。直引到深坑裏恰心焦。禍來也何處躲？天怒也怎生饒？把舊來時威風不見了。

退隱（中呂）朝天子

掛冠，棄官，偷走下連雲棧。湖山佳處屋兩間。掩映垂柳岸。滿地白雲，東風吹散，卻遮了一半山。嚴子陵釣灘，韓元帥將壇，那一個無憂患？

喬吉（1280-1345）名吉甫，字夢符，號笙鶴翁，終生不仕，自稱江湖狀元。著有 "兩世姻緣" 等雜劇十一種，散曲二百多首，是元代散曲大家。世人將他與張可久並稱。

遊越福王府（雙調）水仙子

笙歌夢斷蒹葭沙，羅綺香餘野菜花，亂雲老樹夕陽下。燕休尋王謝家，恨興亡怒煞些鳴蛙。鋪錦池埋荒甃，流杯亭堆破瓦，何處也繁華。

尋梅（雙調）水仙子

冬前冬後幾村莊，溪北溪南兩履霜，樹頭樹底孤山
上。冷風來何處香？忽相逢縞袂綃裳。酒醒寒驚夢，
笛淒春斷腸，淡月昏黃。

詠雪（雙調）水仙子

冷無香柳絮撲將來，凍成片梨花拂不開。大灰泥漫了
三千界，銀稜了東大海，探梅的心禁難挨。面甕兒裏
袁安舍，鹽罐兒裏党尉宅，粉缸兒裏舞榭歌台。

丙子游越懷古（雙調）折桂令

蓬萊老樹蒼雲，禾黍高低，狐兔紛紜。半折殘碑，空
餘故址，總，是黃塵。東晉亡也再難尋個右軍，西施
去也絕不見甚佳人。海氣長昏，啼鴂聲干，天地無春。

雨窗寄別夢鶯赴宴以侑尊云（雙調）折桂令

妒韶華風雨瀟瀟，管月犯南箕，水漏天瓢。濕金縷鶯
裳，紅膏燕嘴，黃粉蜂腰。梨花夢龍綃淚今春瘦了。
海棠魂羯鼓聲昨夜驚著。極目江皋，錦澀行雲，香暗
歸潮。

登江山第一樓（雙調）殿前歡

拍欄杆，霧花吹鬢海風寒，浩歌驚得浮雲散。細數青
山，指蓬萊一望間。紗巾岸，鶴背騎來慣。舉頭長嘯，
直上天壇。

笑靨兒（雙調）清江引

鳳酥不將腮斗兒勻，巧倩含嬌俊。紅鑲玉有痕，暖嵌
花生暈。旋窩兒粉香都是春。

悟世（雙調）賣花聲

肝腸百煉爐間鐵，富貴三更枕上蝶，功名兩字酒中蛇。尖風薄雪，殘杯冷炙，掩清燈竹籬茅舍。

小娃琵琶（中呂）朝天於

暖烘，醉客，逼匝的芳心動。雛鶯聲在小簾攏，喚醒花前夢。指甲纖柔，眉兒輕縱，和相思曲未終。玉葱，翠峰，嬌怯琵琶重。

寄興（中呂）山坡羊

鵬搏九萬，腰纏十萬，揚州鶴背騎未慣。事間關，景闌珊，黃金不富英雄漢。一片世情天地間，白，也是眼，青，也是眼。

紹興于侯索賦（越調）小桃紅

晝長無事簿書閑，未午衙先散。一郡居民二十萬，報平安。秋糧夏稅咄嗟兒辦。執花紋象簡，憑琴堂書案，日日看青山。

金陵道中（越調）憑欄人

瘦馬馱詩天一涯，倦鳥呼愁村數家。撲頭飛柳花，與人添鬢華。

即事（越調）天淨沙

鶯鶯燕燕春春，花花柳柳真真，事事風風韻韻。嬌嬌嫩嫩，停停當當人人。

張可久（約 1280-1348）平生仕途不得志，只做過幕僚，監稅等小官。他的散曲存世八百多首，是作品數量最多的，且格律嚴謹，典雅蘊藉，堪稱元曲大家。

山齋小集（雙調）水仙子

玉笙吹老碧桃花，石鼎烹來紫筍芽，山齋看了黃筌畫。茶蘼香滿把，自然不尚奢華。醉李白名千載，富陶朱能幾家？貧不了詩酒生涯。

樂閑（雙調）水仙子

鐵衣披雪紫金關，彩筆題花白玉欄，漁舟棹月黃蘆岸。幾般兒君試揀，立功名只不如閑。李翰林身何在？許將軍血未乾，播高風千古嚴灘。

歸興（雙調）水仙子

淡文章不到紫薇郎，小根腳難登白玉堂，遠功名卻怕黃茅瘴。老來也思故鄉，想途中夢感魂傷。雲莽莽馮公嶺，浪淘淘揚子江，水遠山長。

九日（雙調）折桂令

對青山強整烏紗，歸雁橫秋，倦客思家。翠袖殷勤，金杯錯落，玉手琵琶。人老去西風白髮，蝶愁來明日黃花。回首天涯，一抹斜陽，數點寒鴉。

客中九陽（中呂）滿庭芳

乾坤俯仰，賢愚醉醒，今古興亡。劍花寒，夜坐歸心壯，又是他鄉。九日明朝酒香，一年好景橙黃。龍山上，西風樹響，吹老鬢毛霜。

秋懷（正宮）普天樂

為誰忙，莫非命。西風驛馬，落月書燈。青天蜀道難，紅葉吳江冷。兩字功名頻看鏡，不饒人白髮星星。釣魚子陵，思蓴季鷹，笑我飄零。

離思（雙調）殿前歡

月籠沙，十年心事付琵琶。相思懶看幃屏畫，人在天涯。春殘豆蔻花，情寄鴛鴦帕，香冷茶蘼架。舊遊台謝，曉夢窗紗。

客中（雙調）殿前歡

望長安，前程渺渺鬢斑斑，南來北往隨征雁，行路艱難。青泥小劍關，紅葉溢江岸，白草連雲棧。功名半紙，風雪千山。

山中雜書（中呂）朝天子

醉餘，草書，李願盤谷序。青山一片範寬圖，怪我來何暮。鶴骨清癯，蝸殼蓬廬，得安閒心自足。蹇驢，酒壺，風雪梅花路。

湖上（中呂）朝天子

瘦杯，玉醅，夢冷蘆花被。風清月白總相宜，樂在其中矣！壽過顏回，飽似伯夷，閒如越範蠡。問誰，是非？且向西湖醉。

魯卿庵中（越調）天淨沙

青苔古木蕭蕭，蒼雲秋水迢迢，紅葉山齋小小。有誰曾到？探梅人過溪橋。

懷古（中呂）賣花聲

美人自刎烏江岸，戰火曾燒赤壁山，將軍空老玉門關。傷心秦漢，生民塗炭，讀書人一聲長歎。

徐再思，（生卒年代不詳）字德可，號甜齋，與貫雲石（酸齋）齊名。後人將二人的散曲輯爲 "酸甜樂府" 其內容以善寫纏綿之情見長，風格清麗。

春情（雙調）折桂令

平生不會相思，才會相思，便害相思。身似浮雲，心如飛絮，氣若遊絲。空一縷餘香在此，盼千金遊子何之。證候來時，正是何時？燈半昏時，月半明時。

觀音山眠松（雙調）殿前歡

老蒼龍，避乖高臥此山中。歲寒心不肯爲梁棟，翠蜿蜓俯仰相從。秦皇舊日封，靖節何年種，丁固當時夢。
半溪明月，一枕清風。

夜雨（雙調）水仙子

一聲梧葉一聲秋，一點巴蕉一點秋，三更歸夢三更
後。落燈花棋未收，歎新豐孤館人留。枕上十年事，
江南二老憂，都到心頭。

相思（雙調）清江引

相思有如少債的，每日相催逼。常挑著一擔愁，准不
了三分利。這本錢見他時才算得。

春情越調　憑欄人

髻擁春雲松玉釵，眉淡秋山羞鏡臺。海棠開未開？粉
郎來未來？

贈海棠（中呂）陽春曲

玉環夢斷風流事，銀燭歌成富貴詞。東風一樹玉煙
脂，雙燕子，曾見正開時。

西湖（中呂）朝天子

裏湖，外湖，無處是無春處。真山真水真圖畫。一片
玲瓏玉。宜酒宜詩，宜晴宜雨，鎖金鍋錦繡窟。老蘇，
老逋，楊柳堤梅花墓。

釣台（商調）梧葉兒

龍虎昭陽殿，冰霜函谷關，風月富春山。不受千鍾祿，
重歸七裏灘，贏得一身閑。高似他雲台將壇。

革步（商調）梧葉兒

山色投西去，羈情望北游，湍水向東流。雞犬三家店，
陂塘五月秋，風雨一帆舟。聚車馬關津渡口。

無名氏　　　　　　散曲十五首

　　散曲中，無名氏之曲甚多。其作者大多是極不揚名的士人，甚至青樓妓女，販夫走卒之作，然均為佳作，是故留存至今，也可見元曲普及之廣。

遣懷（雙調）水仙子

　　百年三萬六千場，風雨憂愁一半妨。眼兒黑覷，心兒上想。教我鬢邊絲怎地當。把流年子細推詳。一日一個淺酌低唱，一夜一個花燭洞房，能有得多少時光？

閑評（雙調）寄生草

　　問甚麼虛名早，管甚麼閑是非。想著他擊珊瑚列錦帳石崇勢，只不如卸羅襴納象簡張良退，學取他枕清風鋪明月陳摶睡。看了那吳山青似越山青，不如今朝醉了明朝醉。

（商調）梧葉兒

　　秋來到，漸漸涼，寒雁兒往南翔。梧桐樹，葉又黃。好淒涼，繡被兒空閒了半張。

（越調）喜春來

　　窄裁衫褙安排瘦，淡掃蛾眉準備愁，思君一度一登樓。凝望久，雁過楚天秋。

（正官）叨叨令

　　黃塵萬古長安路，折碑三尺邙山墓；西風一葉烏江渡，夕陽十裏邯鄲樹。老了人也麼哥！老了人也麼哥！英雄儘是傷心處。

（中呂）喜春來

　　江山不老天如醉，桃李無言春又歸，人生七十古來稀。圖甚的？尊有酒且舒眉。

（雙調）雁兒落帶過得勝令

一年老一年，一日沒一日。一秋又一秋，一輩催一輩。一聚一離別，一喜一傷悲。一榻一身臥，一生一夢裏。尋一夥相識，他一會咱一會。都一般相知，吹一回唱一回。

（正宮）醉太平

利名場事冗。林泉下心沖。小迤門畫戟古城東，隔風波數重。華山雲不到陽臺夢，蟠溪水不接桃源洞，洛陽城不到武夷峰。老先生睡濃。

（雙調）折桂令

歎世間多少癡人，多是忙人，少是閒人。酒色迷人，財氣昏人，纏定活人。鈸兒鼓兒終日送人，車兒馬兒常時迎人。精細的瞞人，本分的饒人。不識時人，枉只為人。

（中呂）山坡羊

淵明圖醉，陳摶貪睡，此時人不解當時意。志相違，事難隨，由他醉者由他睡。今朝世傑非昨日。賢，也任你，愚，也任你。

（黃鍾）紅衲襖

那老子彭澤縣懶坐衙，倦將文卷押，數十日不上馬。柴門掩上咱，籬下看黃花。愛的綠水青山，見一個白衣人來報。來報五柳莊幽靜煞。

（南呂）玉交枝

休爭閒氣，都只是南柯夢裏。想功名到底成何濟？總虛脾，幾人知？百般乖不如一就癡，十分醒爭似三分醉。只這的是人生落得，不受用圖個甚的？

（雙調）駐馬聽

月小潮平，紅蓼灘頭秋水冷。天空雲淨，夕陽江上亂峰青。一蓑全卻子陵名，五湖救了鴟夷命。塵勞事不聽，龍蛇一任相吞併。

（正宮）醉太平

堂堂大元，奸佞專權。開河變鈔禍根源，惹紅巾萬千。官法濫刑法重黎民怨，人吃人鈔買鈔何曾見，賊做官官做賊混愚賢。哀哉可憐！

第七篇 明 朝

　　西元 1368 年，吳王朱元璋稱帝于南京，至 1644 年崇禎自縊於北京，明代的歷史延續了約 280 年。

　　詩歌發展，歷經唐，宋，元三代名作家不斷的創新，使詩歌在文體上產生了詩，詞，曲三種樣式，在文史上，也留下了唐詩。宋詞，元曲並稱的光榮。

　　明代承先啟後治國時間較長，詩，詞，曲作家及作品，遠遠地超過了元代，但遺憾的是傑出的作家卻寥寥無幾。

　　詩歌最具代表性的名作家及作品，有劉基，楊基，高啟，李東陽，李夢陽，李攀龍，王世貞，陳子龍，夏完淳等人。

　　詞"至明代衰落。這是事實。但明人詞中也有精緻可讀者。最具代表性作家，有劉基，楊基，高啟，史鑒，楊慎，王世貞，陳子龍，夏完淳等人。

　　散曲經歷了在元代的興旺時期以後，到了明代。仍然在不斷地發展。由於明代治國時間長，作家和作品的數量都超過了元代，內容和形式也都有自己的特點。最具代表性的作家有湯式，王九思，唐寅，康海，陳鐸，李開先，馮惟敏，等人。

　　劉基（1311-1375）字伯溫，元末進士，曾任江西高安縣丞，浙東行省都事。明初，聘至金陵。佐太祖（朱元璋）定天下，任御史中丞。其詩文閎深頓挫，沈鬱雄渾，自成一家。

不寐

不寐夜當戶，起行風滿天。山河青縞裏，刁斗白雲邊。
避世慚商綺，匡時愧魯連。徊徘懷往事，惻愴感衰年。

古戍

古戍連山火，新城殷地笳。九州猶虎豹，四海未桑麻。
天迥雲垂草，江空雪復沙。野梅燒不盡，時見兩三花。

水龍吟

雞鳴風雨瀟瀟，側身天地無劉表。啼鵑迸淚，落花飄
恨，斷魂飛繞。月暗雲霄，星沈煙水，角聲清嫋。問
登樓王粲，鏡中白髮，今宵又添多少。

極目鄉關何處，渺青山髻螺低小。幾回好夢，隨風歸
去，被渠遮了。寶瑟弦僵，玉笙指冷，冥鴻天杪。但
侵階莎草，滿庭綠樹　不知昏曉。

漁歌子

釣得鯿魚不賣錢，瓷甌引滿看青天。芳樹下，夕陽邊，
睡覺蘆花雪滿船。

楊基（1326-1378）字孟載，初任榮陽知縣，後任兵部
員外郎，山西按察使。其詩佳句甚多。

長城萬里圖（二首）

其一

我家岷山更西住，正見岷江發源處。
三巴春霽雪初消，百折千回向東去。

其二

江水東流萬裏長，人今飄泊尚他鄉。
煙波草色時牽恨，風雨猿聲欲斷腸。

登岳陽樓望君山（二首）

其一

洞庭無煙晚風定，春水平鋪如練淨。

君山一點望中青，湘女梳頭對明鏡。

其二

鏡裏芙蓉夜不收，水光山色兩悠悠。

直教流下春江水，消得巴陵萬古愁。

清平樂

欺煙困雨，拂拂愁千縷，曾把腰肢羞舞女，贏得輕盈
如許。

猶寒未暖時光，將昏漸曉池塘。記取春來楊柳，風流
全在輕黃。

高啟（1336-1374）字季迪，明初，召入編修"元史"，
為翰林院國史編修。其詩與詞皆有如"清風徐來于修竹古松
之間"的風韻。

登金陵雨花臺望大江

大江來從萬山中，山勢盡與江流東。

鍾山如龍獨西上，欲破巨浪乘長風。

江山相雄不相讓，形勝爭誇天下壯。

秦皇空此瘞黃金，佳氣蔥蔥至今王。

我懷郁塞何由開？酒酣走上城南台。

坐覺蒼茫萬古意，遠自荒煙落日來。

石頭城下濤聲怒，武騎千群誰敢渡！

黃旗入洛竟何祥？鐵鎖橫江未為固。

前三國，後六朝，草生宮闕何蕭蕭！

英雄時來務割據，幾度戰血流寒潮。

我今幸逢聖人起，禍亂初平事休息。

從今四海永為家，不用長江限南北。

宮女圖

女奴扶醉踏蒼苔，明月西園侍宴回。

小犬隔花空吠影，夜深宮禁有誰來？

行香子

如此紅妝，不見春光。向菊前，蓮後才芳。雁來時節，
寒沁羅裳。正一番風，一番雨，一番霜。

蘭舟不采，寂寞橫塘。強相依，暮柳成行。湘江路遠，
吳苑池荒。恨月濛濛，人杳杳，水茫茫。

自述（念奴嬌）

策勳萬里，笑書生，骨相有誰曾許？壯士平生還自
負，羞比紛紛兒女。酒發雄談，劍增奇氣，詩吐驚人
語。風雲無便。未容黃鵠輕舉。

何事匹馬塵埃，東西南北，十載猶羈旅！只恐陳登容
易笑，負卻故園雞黍。笛裏關山，樽前日月，回首空
凝佇。吾今未老，不須清淚如雨。

李東陽（1447-1516）字賓之，明天順進士，官至吏部
尚書，其詩多應酬題贈之作，古樂府多詠歷代史事，典雅工
麗，為明代詩文大家。他作詩的觀點，對前後"七子"有很
大的影響。

九日渡江

秋風江口聽鳴榔，遠客歸心正渺茫。

萬里乾坤此江水，百年風日幾重陽？

煙中樹色浮瓜步，城上山形繞建康。

直過真州更東下，夜深燈影宿維揚。

柯敬仲墨竹

莫將畫竹論難易，剛道繁難簡更難。

君看蕭蕭只數葉，滿堂風雨不勝寒。

李夢陽（1472-1530）字天錫，明弘治進士，曾任戶部郎中，江西提學副使。其文學主張，"文必秦漢，詩必盛唐"反對虛浮的"台閣體"。論詩重法，對民歌在文學上的價值有所肯定。

秋 望

黃河水繞漢宮牆，河上秋風雁幾行。

客子過壕追野馬，將軍韜箭射天狼。

黃塵古渡迷飛挽，白月橫空冷戰場。

聞道朔方多勇略，只今誰是郭汾陽。

朱仙鎮

水廟飛沙白日陰，古墩殘樹濁河深。

金牌痛哭班師地，鐵馬驅馳報主心。

入夜松杉雙鷺宿，有時風雨一龍吟。

經行墨客還詞賦，南北淒涼自古今。

李攀龍（1514-1570）字於鱗，號滄溟。嘉靖進士，官至河南按察使。其詩才力富健，名重一時，與王世貞同為"後七子"之首。

初春元美席上贈謝茂秦

鳳城楊柳又堪攀，謝朓西園未擬還。

客久高吟生白髮，春來歸夢滿青山。

明時抱病風塵下，短褐論交天地間。

聞道鹿門妻子在，只今辭賦且燕關。

和聶儀部（明妃曲）

天山雪後北風寒，抱得琵琶馬上彈。

曲罷不知青海月，徘徊猶作漢宮看。

王世貞（1526-1590）字元美，號鳳洲，嘉靖進士。官至刑部尚書。著名文學家，才識淵博，詩文與李攀龍齊名，同為“後七子”的領袖。其詩以樂府古體冠於一時。

登太白樓

昔聞李供奉，長嘯獨登樓。此地一垂顧，高名百代留。

白雲海色曙，明月天門秋。欲覓重來者，淒淒濟水流。

亂後初入吳與舍弟小酌

與爾同茲難，重逢恐未真。一身初屬我，萬事欲輸人。

天意寧群盜，時艱更老親。不堪追往昔，醉語亦傷神。

都下思家　望江南

回首處，薄業太湖干。半艇春洲蘆筍綠。一樓風雨杏花寒。此景放誰看？

又　望江南

歌起處，斜陽半江紅。柔綠篙添梅子雨，淡黃衫耐藕絲風。家在五湖東。

陳子龍（1608-1647）字人中，明崇禎進士，任紹興推官。其詩多感時傷事，悲憤蒼涼。

秋日雜感

萬木凋傷歎式微，何人猶與賦無衣？

繁霜皓月陰蟲切，畫角清笳旅雁稀。

阮籍哭時途路盡，梁鴻歸去姓名非。

南方尚有招魂地，日暮長歌學采薇。

春恨　山花子

楊柳迷離曉霧中，杏花零落五更鍾。寂寂景陽宮外月，照殘紅。

蝶化彩衣金縷盡，蟲銜畫粉玉樓空。惟有無情雙燕子，舞
東風！

病起春盡　　江城子

一簾病枕五更鍾，曉雲空，卷殘紅。無情春色，去矣
幾時逢？添我千行清淚也，留不住，苦匆匆。

楚宮吳苑草茸茸，戀芳叢，繞遊蜂。料得來年，相見
畫屏中。人自傷心花自笑，憑燕子，罵東風。

春日風雨有感　　點絳唇

滿眼韶華，東風慣是吹紅去。幾番煙霧，只有花難護。

夢裏相思，故國王孫路。春無主！杜鵑啼處，淚染胭
脂雨。

春日　　蝶戀花

雨外黃昏花外曉，催得流年有恨何時了。燕子乍來春
漸老，亂紅相對愁眉掃。

午夢闌珊歸路杳，醒後思量，踏遍閒庭草。幾度東風
人意惱，深深院落芳心小。

夏完淳（1631-1647）明末抗清英雄，事敗，從容就義，
年僅十七歲。九歲即善詩詞古文，有神童之譽。他的詩詞，
悲壯慷慨，悽愴哀婉，充滿強烈的民族氣節。

別雲間

三年羈旅客，今日又南冠。無限河山淚，誰言天地寬？

已知泉路近，欲別故鄉難。毅魄歸來日，靈旗空際看。

寄　內

憶昔結褵日，正當擐甲時。門楣齊閥閱，花燭夾旌旗。

問寢談忠孝，同袍學唱隨。九原應待汝，珍重腹中兒。

葡運算元

秋色到空閨，夜掃梧桐葉。誰料同心結不成，翻就相思結。

十二玉闌干，風有燈明滅。立盡黃昏淚幾行，一片鴉啼月。

采桑子

片風絲雨籠煙絮，玉點香球。玉點香球，盡日東風不滿樓。

暗將亡國傷心事，訴與東流。訴與東流，萬里長江一帶愁。

史鑒（1434-1496）字明古，平生書無不讀，尤熟于史學，隱居不仕，留心經世之學。家居西村，人稱西村先生。

送別　解連環

銷魂時候。正落花成陣，可人分手。縱臨別重訂佳期，恐軟語無憑，盛歡難又。雨外春山，會人意，與眉交皺。望行舟漸隱，恨殺當年，手栽楊柳。

別離事，人生常有。底何須為著，成個消瘦。但若是兩情長，便海角天涯，等是相守。潮水西流，肯寄我，鯉魚雙否。倘明年，來遊燈市，為儂沽酒。

楊慎（1488-1599）字用修，正德進士，曾任翰林修撰，經筵講官。其詞入六朝麗事，似近而遠。然其妙處亦能過人，他的詞對轉變明代詞風有一定影響。

戍雲南江陵別內　臨江仙

楚塞巴山橫渡口，行人莫上江樓。征驂去棹兩悠悠。相看臨遠水，獨自上孤舟。

卻羨多情沙上鳥，雙飛雙宿河洲。今宵明月為誰留？團團清影好。偏照別離愁。

三國楔子 臨江仙

滾滾長江東逝水，浪花淘盡英雄。是非成敗轉頭空。

青山依舊在，幾度夕陽紅。

白髮漁樵江渚上，慣看秋月春風。一壺濁酒喜相逢。

古今多少事，都付笑談中。

湯式（生卒年不詳）字舜民，他是明成祖知遇的文人，為人滑稽，所以散曲甚多，作品多寫景，懷古，夾雜著流落江湖的感受。

春 北（正宮）小梁洲

上巳日登姚江龍泉寺分韻得暗字

天風吹我上巉岩，正值春三。殘紅飛絮點松杉，輕搖撼，無數落青衫。（弘幺）登臨未了斜陽暗，借白雲半榻禪龕。發笑談，論經識。老龍驚憚，拖雨過江南。

春 北（商調）望遠行

杏花風習習暖透窗紗，眼巴巴顒望他。不覺得月兒明鍾兒敲鼓兒撾。梅香，你與我點上銀台蠟，將枕被鋪排下。他若是來時節，那一會坐衙，玉纖手忙將這俏冤家耳朵兒掐嗏，實實的那裏行踏？喬才，你須索吐一句兒真誠話！

王九思（1468-1551）字敬天，弘治進士。他所作沈著痛快，豪放軒爽.散曲守律謹嚴，讀來鏗鏘諧婉。

歸興（雙調）水仙子 帶過折桂令

（水仙子）一拳打脫鳳凰籠，兩腳蹬開虎豹叢，單身撞出麒麟洞。望東華人亂擁，紫羅襴老盡英雄。參詳破邯鄲一夢，歎息殺商山四翁，思量起華嶽三峰。

（折桂令）思量起華嶽三峰，掉臂淮南，回首關中。

紅雨催詩，青春作伴，黃卷填胸。騎一個塞喂兒南村
北壠，過幾處古莊兒漢闕秦宮。酒盞才空，鼾睡方濃。
學得陳摶，笑殺石崇。

（雙調）水仙子

紫泥封不要淡文章，白糯酒偏宜小肚腸，碧山翁有甚
高名望？也則是樂升平不妄想，聽濯纓一曲滄浪。瞻
北闕心還壯，對南山興轉狂，地久天長。

（北越調）寨兒令

豆角兒香，麥索兒長，響嘶啷繭車兒風外揚。青杏兒
才黃，小鴨兒成雙，雛燕語雕梁。紅石榴滿西窗，黃
蜀葵葉掃東牆。泥金團扇影，香玉紫紗囊。將佳節遇
端陽。

（北雙調）清江引

農圃生涯宜照管，禾黍雞豚散。不貪眼角飧，自吃犁
頭飯。莫怪先生腰折懶。

唐寅（1470-1521）字伯虎。他多才多藝，詩文書畫均
擅長。散曲以寫閨情閨怨的居多，間有歎世之作，他是南曲
著名的曲家。

（南商調）黃鶯兒

細雨濕薔薇，畫梁門間燕子歸，春愁似海深無底。天
涯馬蹄，燈前翠眉，馬前芳草燈前淚。魂夢迷，雲山
滿目，不辨路東西。

失題（南商調）山坡羊

嫩綠芭蕉庭院，新繡鴛鴦羅扇。天時乍暖，乍暖渾身
倦。整金蓮，秋千畫架前。幾回欲上，欲上羞人見。
走入紗櫥枕淚眠。芳年，芳年正可憐；其間，其間不

敢言。

康海（1475-1540）字德涵，弘治進士，散曲風格與王九思相近，大部分為歎世，閒適之作，豪放跌宕，有助改變明初曲壇軟弱纖麗的習氣。

答客（雙調）沉醉東風

國史院咱曾視草，奸和正不必提著。文書上恁樣來，條款裏偌般造。畫葫蘆難減分毫。但把丹心自系牢，管甚麼零煎細炒！

飲閑（雙調）雁兒落帶過得勝令

（雁兒落）數年前也放狂，這幾日全無況。閑中件件思。暗裏般般量。

（得勝令）真個是不精不細醜行藏，怪不得沒頭沒腦受災殃。從今後花底朝朝醉，人間事事忘，剛方，奚落了膚和湊。荒唐，周全了籍與康。

讀史有感（仙呂）寄生草

天應醉，地豈迷？青霄白日風雪屬，昌時盛世奸諛蔽，忠臣孝子難存立。朱雲未斬佞人頭，禰衡休使英雄氣。

華山（中呂）滿庭花

名山自好，三峰俱俊，四望都高，分明雲氣涵靈灝，瀑響簫韶。玉女池光搖天表，仙人掌翠捧丹霄，小可的如何到？十洲三島，望似酒杯饒。

陳鐸（約1465-1521）字大聲，正德間以世襲官指揮。他為人風流倜儻。精通音律，善彈琵琶，常常牙板隨身，高歌一曲，在明代曲壇能取得較高的地位。是因為他創作了一卷"滑稽餘韻"，反映了當時城市生活的面貌。

麗情（中呂）駐雲飛

杏臉桃腮，輾轉思量不下懷。新月思眉黛，春草傷裙帶。嗏，獨坐小書齋。自入春來，欲待看花，反被花禁害。情思昏昏眼倦開。

詠閨情（正宮）小梁洲

碧紗窗外月兒高。秋到芭蕉，和衣剛得眼合著。誰驚覺？花底一聲蕭。（幺）吹來總是相思調，把閒愁喚上眉梢。輾轉聽，傷懷抱。粉香花貌，一夜為君消。

搖櫓（中呂）滿庭芳

常依小艇，驚飛野鳥，蕩散浮萍。幾回欸乃風初靜，霧渚莎汀。亂南浦波心月明，碎潯陽江上潮聲。記不得當年恨，蓬窗酒醒，感起故鄉情。

葬士（雙調）水仙子

尋龍倒水費殷勤，取向斂穴無定準，藏風聚氣胡談論。告山人須自忖：揀一山葬你先人，壽又長身又旺，官又高財又穩，不強如干謁侯門。

瓦匠（雙調）水仙子

東家壁上恰塗交，西舍廳堂初瓦了，南鄰屋宇重修造。弄泥漿直到老，數十年用盡勤勞。金張第游麋鹿，王謝宅長野蒿，都不如手饅堅牢。

機匠（雙調）雁兒落帶過得勝令

[雁兒落]雙臀坐不安，兩腳登不辦。半身入地牢，間口嘛葷飯。[得勝令]逢節暫鬆閑，折耗要賠還。絡緯常通夜，拋梭直到晚。捋一樣花板，出一陣餿酸汗。熬一盞油乾，閉一回瞌睡眼。

媒人（中呂）朝天於

這壁廂取吉，那壁廂道喜，砂糖口甜如蜜。沿街繞巷
走如飛，兩腳不沾地。俏的矜誇，醜的瞞昧，損他人
安自己。東家裏怨氣，西家裏後悔，常帶著不應罪。

挑擔（正宮）醉太乎

麻繩是知己，區擔是相識。一年三百六十回，不曾閑
一日。擔頭上討了些兒利，酒房中買了一場醉，肩頭
上去了幾層皮。常少柴沒米。

李開先（1502-1568）字伯華，嘉靖進士，歷員外郎中，
太常寺少卿，提督四夷館。年四十罷歸，家居近三十年。詩
文之外，更精於詞，曲。家中藏書很多，而詞曲尤富，
有"詞山曲海"之稱。

寄懷（仙呂）傍妝台

其一

雨絲絲，沖風躍馬欲何之？閒遊正喜風吹袂，況有雨
催詩。休圖雲裏栽紅杏，好向山中覓紫芝。磨而不磷，
涅而不緇。得隨有時處且隨時。

其二

曲彎彎，一輪殘月照邊關。恨來口吸盡黃河水，拳打
碎賀蘭山。鐵衣披雪渾身濕，寶劍飛霜撲面寒。驅兵
去，破虜還，得偷閒處且偷閒。

馮惟敏（約 1511-1580）字汝行，曾任直隸淶水縣令，
鎮江教授和和保定通判小官。他是北曲作家，繼承了元代優
秀作家的傳統，以豪放剛勁的風格，清新樸素的語言，充分
發揮了北曲"勁切雄麗"（王世貞語）的特色。

刈麥有感二首（雙調）胡十八

其一

八十歲老莊家，幾曾見今年麥！又無顆粒又無柴。三
百日旱災，二千里放開。偏俺臥牛城，四十里忒毒害。

其二

穿和吃不索愁，愁的是遭官棒。五月半間便開倉，里
正哥過堂，花戶每比糧。賣田宅無買的，典兒女陪不
上。

刈穀有感二首（雙調）折桂令

其一

自歸來農圃優遊，麥也無收，黍也無收。恰遭逢饑饉
之秋，穀也不熟，菜也不熟。占花甲偏憎癸酉，看流
行正到奎婁。官又憂愁，民又漂流。誰敢替百姓擔當，
怎禁他一例誅求。

其二

迎新來百費俱捐，官也無錢，民也無錢。遠鄉中一向
顛連，村也無煙，市也無煙。貧又逃富又逃前催後趲，
田也棄房也棄東走西遷。幸賴明賢，招撫言旋。毒收
頭先要合封，狠催申又討加添。

自遣（中呂）朝天子

海翁，命窮，百不會千無用。知書識字總成空，浮世
干和哄。笑，俺奔波，從他盤弄，你乖猾，俺懵懂。
就中，不同，誰認的雞和鳳！

喜雨（正宮）玉芙蓉

初添野水涯，細滴茅簷下，喜芃芃遍地桑麻。消災不
數千金價，救苦重生八口家。都開罷，喬花，豆花，
眼見的葫蘆棚結了個赤金瓜。

苦風（正宮）玉芙蓉

難將風雨調，無計回天道，簸乾坤晝夜狂飆。稞科折盡泥中倒，黍谷磨殘水上漂。哀哀告。千勞萬勞，誰承望一年勤苦總無聊！

農家苦 玉江引

倒了房宅，堪憐生計磨。沖了田園，難將雙手扒。陸地水平鋪，秋禾風亂舞。水旱相仍，農家何日足？牆壁通連，窮年何處補？往常時不似今番苦，萬事由天做。又無糊口糧，那有遮身布？幾椿兒不由 人不叫苦！

卜（中呂）朝天子

睜著眼莽諮，閉著眼瞎諮，那一個知休咎？流年月令費鑽求，就裏多虛謬。四課三傳，張八李九，一椿椿不應口。百中經枕頭，卦盒兒在手，花打算胡將就。

笑園六詠選二（雙調）河西六娘子

其一

問道先生笑甚麼？笑的我一仰一合，時人不識余心樂。呀，兩腳跳梭梭，拍手笑呵呵，風月無邊好快活。

其二

名利機關沒正經，笑的我肚兒裏生疼。浮沉勝敗何時定？呀，個個哄人精，處處賺人坑，只落得山翁笑了一生。

李中麓醉歸堂夜話二首（正宮）醉太平

其一

包龍圖任滿，於定國邊官，小民何處得伸冤？望金門路遠！嚴刑峻法鋤良善，甜言美語扶囚犯，死聲淘氣叫皇天。老天公不管！

其二

休隨心作歹，莫倚勢胡歪，須知暑往有寒來，不多時便改。強梁自有強梁賽，聰明反被聰明害，後人又使後人哀，看斑斑史策。

感述（中呂）朝天子

矯情，撇情，心與口不相應。誰家貓犬怕聞腥？假意兒裝乾淨。掩耳偷鈴，踢天弄井，露面賊不自省。醜聲，貫盈，遲和早除邪佞。

閨情　　（仙呂）月兒高

月缺重門靜，更殘午夜永。手托芙蓉面，背立梧桐影。瘦損伶仃，越端相越孤另。抽身轉入，轉入房櫳冷。又一個畫影圖形，半明不滅燈。燈，花燭杳無憑！似靈鵲兒虛囂，喜蛛兒不志誠。

第八篇　清　朝

　　清代是中國封建社會最後的一個王朝，歷時二百六十多年。詩歌發展，在 1840 年鴉片戰爭未爆發前，雖有很多名作家及作品。但變化不大。鴉片戰爭爆發後，詩人以詩歌作為武器，加入了中國人民反帝反封建鬥爭的行列。在這時期裏，詩的形式也相應地發生變化。語言大眾化，通俗化成為必然的趨勢。文學家大詩人龔自珍首開詩風，引領風騷，影響深遠。

　　詩歌最具代表性的名作家及作品，有錢謙益。吳偉業，宋琬，施閏章，朱彝尊，王士禎，鄭燮，沈德潛，龔自珍，黃遵憲等人。

　　詞至清代，不但作家作品繁盛。成就卓著，愛好者也眾多，而且出現了自標門戶的不同詞派。派系的出現，表明了清詞的成熟與演進。最主要的詞派有浙西，陽羨，常州等。

　　最具代表性的詞作家及作品有吳偉業，王士幀，陳維崧，朱彝尊，納蘭性德，龔自珍，王鵬運等人。

　　散曲有套數與小令二種，清代套數創作特盛，而且精品又多，最成功具有代表性的作家及作品，有吳綺，沈謙，洪昇，孔尚任，徐旭旦，林以寧，趙慶熺等人。

　　錢謙益（1582-1664）字受之，明萬曆進士。崇幀初官禮部侍郎，後在清朝任禮部侍郎管秘書院事。詩文在當時頗負盛名。

金陵後觀棋絕句六首（選一）

寂寞枯枰響泬廖，秦淮秋老咽寒潮。

白頭燈影涼宵夜，一局殘棋見六朝。

後秋興（選一）

海角山崖一線斜，從今也不屬中華。

更無魚腹捐軀地，況有龍涎泛海槎？

望斷關河非漢幟，吹殘日月是胡笳。

嫦娥老大無歸處，獨倚銀輪哭桂花。

和盛集陶落葉詩

秋老鍾山萬木稀，凋傷總屬劫塵飛。

不知玉露涼風急，只道金陵士氣非。

倚月素娥徒有樹，覆霜青女正無衣。

華林慘淡如沙漠，萬里寒空一雁歸。

吳偉業（1609-1671）字駿，明崇幀四年會試第一，官至少詹事。清世祖聞其名，力迫入都，累官國子監祭酒。是清初詩壇大家。其詞小令婉麗，"長調高者，有與東坡神似處"。

臨清大雪

白頭風雪上長安，裋褐疲驢帽帶寬。

辜負故園梅樹好，南枝開放北枝寒。

捉船行

官差捉船為載兵，大船買脫中船行。

中船蘆港且潛避，小船無知唱歌去。

郡符昨下吏如虎，快槳追風急搖櫓。

村人露肘捉頭來，背似土牛耐鞭苦。

苦辭船小要何用？爭執洶洶路人擁。

前頭船見不敢行，曉事篙師斂錢送。

船戶家家壞十千，官司查點候如年。

發回仍索常行費，另派門攤云雇船。

君不見官舫嵬峨無用處，打鼓插旗馬頭住。

過嘉定感懷侯研德　臨江仙

苦竹編籬茅覆瓦，海田久廢重耕。相逢猶說廿年兵。
寒潮沖戰骨，野火起空城。

門戶凋殘賓客在，淒涼詩酒侯生。西風又起不勝情。
一篇《思舊賦》，故國與浮名。

山家　意難忘

村塢雲遮，有蒼藤老幹，翠竹明沙。溪堂連石穩，苔
徑逐籬斜。文木几，小窗紗，是好事人家。啟北扉，
移床待客，百樹梅花。

衰翁健飯堪誇。把癭樽茗碗，高話桑麻，穿池還種柳，
汲水自澆瓜。霜後桔，雨前茶，這風味清佳。喜去年，
山田大熟，爛熳生涯。

宋琬（1614-1673）字玉叔，順治進士。授戶部主事。
晚年任四川按察使。琬詩與施閏章齊名，人稱"南施北宋"。

蘆席片

愁心不可卷。假寐聊和衣。

莫厭篷篨賤，猶能出范睢。

漁家詞

南陽之南嶧山北，男子不耕女不織。

伐蘆作屋沮洳間，天遣魚蝦為稼穡。

少婦能操舴艋舟，生兒酷似鸕鶿黑。

今秋無雨湖水涸，大魚乾死鰷鰍弱。

　　估客不來賤若泥，租吏到來勢欲縛。

　　烹魚酌酒幸無怒，泣向前村賣網罟。

船中見獵犬有感

　　秋水蘆花一片明，難同鷹犬共功名。

　　檣邊飽飯垂頭睡，也似英雄髀肉生。

　　施閏章（1618-1683）字尚白，順治進士，官江西布政司參議，授翰林院侍講，轉侍讀。詩與宋琬齊名，作品多反映清初政治狀況和民間疾苦。

牽船夫行

　　十八灘頭石齒齒，百丈青繩可憐子。

　　赤腳短衣半在腰，裹飯寒吞掬江水。

　　北來鐵騎盡乘船，灘峻船從石窟穿。

　　雞豬牛酒不論數，連檣動索千夫牽。

　　官縣懼罪急如火，預點民夫向江坐。

　　拘留古廟等羈囚，兵來不來饑殺我。

　　沿江沙石多崩峭，引臂如猿爭叫嘯。

　　秋冬水澀春漲湍，渚穴蛟龍岸虎豹。

　　伐鼓鳴鐃畫艦飛，陽侯起立江娥笑。

　　不辭辛苦為君行，挺促鞭驅半死生。

　　君看死者仆江側，夥伴何人敢哭聲？

　　自從伏波下南粵，蠻江多少人流血？

　　繩牽不斷腸斷絕，流水無情亦嗚咽。

山行口號

　　奔陂赴澗響琤琤，百里爭流似練明。

　　端是崖泉塵不染，出山何異在山清。

　　朱彝尊（1629-1709）字錫鬯，號竹垞。清康熙舉博學鴻詞，授檢討，後參加纂修明史。博通經史，擅長詩詞古文。與王士禎齊名，人稱"北王南朱"。詞宗姜，張，風格清麗醇雅，爲浙派詞的創始者。

明妃曲

上林消息斷歸鴻，記抱琵琶出漢宮。

紅顏近來樵悴甚，春風更遜畫圖中。

雲中至日

去歲山川繞雲嶺，今年風雪白登臺。

可憐至日常爲客，何意天涯數舉杯。

城晚角聲通雁塞，關寒馬色上龍堆。

故園望斷江村裏，愁說梅花細細開。

失題 桂殿秋

思往事，渡江干。青蛾低映越山看。共眠一舸聽秋雨，小簟輕衾各自寒。

吳大帝廟 滿江紅

玉座苔衣，拜遺像，紫髯如乍。想當日，周郎陸弟，一時聲價。乞食肯從張子布？舉杯但屬甘興霸。看尋常，談笑敵曹劉，分區夏。

南北限，長江跨；樓櫓動，降旗詐。歎六朝割據，後來誰亞？原廟尚存龍虎地，春秋未輟雞豚社。剩山圍，衰草女牆空，寒潮打。

雨花臺 賣花聲

衰柳白門灣，潮打城還。小長干接大長干。歌板酒旗零落盡，剩有漁竿。

秋草六朝寒，花雨空壇。更無人處一憑闌。燕子斜陽來又去，如此江山。

寄懷　卜操作數

殘夢繞屏山，小篆消香霧。鎮日簾攏一片垂，燕語人無語。

庭草已含煙，門柳將飄絮。聽遍梨花昨夜風，今日黃昏雨。

又　南樓令

疏雨過輕塵，園莎結翠茵。惹紅襟，乳燕來頻。乍暖乍寒花事了，留不住，塞垣春。

歸夢苦難真，別離情更親。恨天涯，芳信無因。欲話去年今日事，能幾人，去年人？

塞上詠葦　滿江紅

絕塞淒清，又誰把、秋聲留住。斜陽外，寒沙搖漾，亂山無主。瑟瑟乍驚心欲碎，茫茫不管愁如許。伴西窗，燈火坐黃昏，蕭蕭語。

催一夜，茅簷雨；攪一片，霜林杵。為伊想遍了，別離情緒。酒渴三更人散後，月明千里鴻飛處。夢滄江，添個釣魚船，風吹去。

王士禛（1634-1711）字貽上，順治舉會試，官至刑部尚書。詩創"神韻說"，詩詞也以神韻為主，在當時頗負盛名，海內能詩者，幾無不出其門下。領袖詩壇近五十年。

高郵雨泊

寒雨高郵夜泊船，南湖新漲水連天。

風流不見秦淮海，寂寞人間五百年。

曉雨復登燕子磯絕頂作

岷濤萬里望中收，振策危磯最上頭。

吳楚青蒼分極浦，江山平遠入新秋。

永嘉南渡人皆盡，建業西風水自流。

灑淚重悲天塹險，浴鳧飛鷺滿汀洲。

江　上

吳頭楚尾路如何？煙雨秋深暗白波。

晚趁寒潮渡江去，滿林黃葉雁聲多。

春詞　點絳脣

水滿春塘，柳綿又藕黃金縷。燕兒來去，陣陣梨花雨。

情似黃絲，歷亂難成緒。凝眸處，白蘋紅樹，不見西

洲路。

感懷二首浣溪沙　其一

北郭清溪一帶流，紅橋風物眼中秋。綠楊城郭是揚州。

西望雷塘何處是？香魂零落使人愁。澹煙芳草舊迷樓。

其二

白鳥朱荷引畫橈，垂楊影裏見紅橋。欲尋往事已魂銷。

遙指平山山外路，斷鴻無數水迢迢。新愁分付廣陵潮。

和漱玉詞　　蝶戀花

涼夜沉沉花漏凍，欹枕無眠，漸覺荒雞動。此際閒愁

郎不共，月移窗罅春寒重。

憶共錦裯無半縫，郎似桐花，妾似桐花鳳。往事迢迢

徒入夢，銀箏斷絕連珠弄。

個儂　玉聯環

枇杷門巷櫻桃樹，個儂曾遇。畫衣縹緲水沉薰。不辨

香來何處。

忽似驚鴻翔去，淩波微步。洛川伊水向東流，八斗才，

情空賦。

鄭燮（1693-1765）字克柔，號板橋，江蘇興化人。生

於清聖祖康熙三十二年，卒於高宗乾隆三十年，年七十三歲。他從小穎悟，讀書自有見解。家貧，早失父母，靠奶媽教養成立，生性落拓不羈，喜交僧侶及文士。愛放言譏評人物，人稱狂士。所著板橋全集，收入古今體詩三百三十九首、詞七十七首、道情十首、題畫六十五則、家書一十六通，都是以他自己親筆所寫真跡字體印成的。錄其部分作品於後：

芭　蕉

芭蕉葉葉為多情，一葉纔舒一葉生，自是相思抽不盡，卻教風雨怨秋聲。

小　廊

小廊茶熟已無煙，折取寒花瘦可憐，寂寂柴門秋水闊，亂鴉揉碎夕陽天。

山中雪後

晨起開門雪滿山，雪晴雲淡日光寒，簷流未滴梅花凍，一種清孤不等閒。

落　拓

乞食山僧廟，縫衣歌妓家，年年江上客，只是為看花。

題遊俠圖

大雪滿天地，胡為仗劍遊，欲談心裡事，同上酒家樓。

和洪覺範瀟湘八景（錄四）

瀟湘夜雨

風雨夜江寒，篷背聲喧，漁人穩臥客人歎，明日不知晴也未，紅蓼花殘，晨起望沙灘，一片波瀾，亂流飛瀑洞庭寬，何處雨晴還是舊，只有君山。

漁村夕照

山迴暮雲遮，風緊寒鴉，漁舟箇箇泊江沙，江上酒旗

飄不定，旗外煙霞，爛醉作生涯，醉夢清佳，船頭雞
犬自成家，夜火穢星渾一片，隱躍蘆花。

烟寺晚鐘

日落萬山顛，一片雲煙，望中樓閣有無邊，惟有鍾聲
攔不住，飛滿江天，秋水落秋泉，晝夜潺湲，梵王鐘
好不多傳，除卻晨昏三兩擊，悄悄無言。

平沙落雁

秋水漾平沙，天末澄霞，雁行棲定又喧譁，怕見洲邊
燈火熖，怕近蘆花，是處網羅賒，何苦天涯，勸伊早
早北還家，江上風光留不得，請問飛鴉。

道情十首

（其一）

老漁翁，一釣竿，靠山崖，傍水灣，扁舟來往無牽絆，
沙鷗點點輕波遠，荻港蕭蕭白晝寒，高歌一曲斜陽
晚，一霎時，波搖金影，驀抬頭，月上東山。

（其二）

老樵夫，自砍柴，細青松，夾綠槐，茫茫野草秋山外，
豐碑是處成荒塚，華表千尋臥碧苔，墳前石馬磨刀
壞，倒不如，閒錢沽酒，醉醺醺，山徑歸來。

（其三）

老頭陀，古廟中，自燒香，自打鐘，兔葵燕麥閒齋供，
山門破落無關鎖，斜日蒼黃有亂松，秋星閃爍頹垣
縫，黑漆漆，蒲團打坐，夜燒茶，爐火通紅。

（其四）

水田衣，老道人，背葫蘆，戴袱巾，櫻韁布襪相廝稱，
修琴賣藥般般會，捉鬼拏妖件件能，白雲紅葉歸山

徑，聞說道，懸岩結屋，卻教人何處相尋。

（其五）

老書生，白屋中，說黃虞，道古風，許多後輩高科中，
門前僕從雄如虎，陌上旌旗去似龍，一朝勢落成春
夢。倒不如蓬門僻巷，教幾個小小蒙童。

（其六）

儘風流，小乞兒，數蓮花，唱竹枝，千門打鼓沿街市，
橋邊日出猶酣睡，山外斜陽已早歸，殘杯冷炙饒滋
味，醉倒在，迴廊古廟，一憑他雨打風吹。

（其七）

掩柴扉，怕出頭，剪西風，菊徑秋，看看又是重陽後，
幾行衰草迷山郭，一片殘陽下酒樓，棲鴉點上蕭蕭
柳，撮幾句，盲辭瞎話，交還他，鐵板歌喉。

（其八）

邈唐虞，遠夏殷，卷宗周，入暴秦，爭雄七國相兼併，
文章兩漢空陳跡，金粉南朝總廢塵，李唐趙宋慌忙
盡，最可嘆，龍盤虎踞，儘銷磨，燕子春燈。

（其九）

弔龍逢，哭比干，羨莊周，拜老聃，未央宮裏王孫慘，
南來薏苡徒興謗，七尺珊瑚只自殘，孔明枉作那英雄
漢，早知道，茅廬高臥，省多少，六出祁山。

（其十）

撥琵琶續續彈，喚庸愚，警懦頑，四條弦上多哀怨，
黃沙白草無人跡，古戍寒雲亂鳥還，虞羅慣打孤飛
雁，收拾起，漁樵事業，任從他。風雪關山。

沈德潛（1673-1769）字確士，乾隆進士，曾任內閣大

學士兼禮部侍郎。詩倡"格調說"，詩風嚴正樸實，爲正統派之代表。

割麥行

前年麥田三尺水，去年麥田半枯死。

今年二麥俱有秋，高下黃雲遍千里。

磨鐮霍霍割上場，婦子打曬田家忙。

紛紛落碾白於雪，瓦甌時聞餅餌香。

老農食罷吞聲哭，三年乍見今年熟。

過許州

到處陂塘決決流，垂楊百里罨平疇。

行人便覺鬚眉綠。一路蟬聲過許州。

龔自珍（1792-1841）字璱人，道光進士，授內閣中書，升宗人府主事。不久改禮部，其詩歌成就尤高。善於以曲折隱晦之手法，豐富瑰麗的想像，寄託憤世嫉俗，憂國憂民的思想。風格綿麗，自成一家。其詞多狹邪語，既不依傍常州詞派，也不依傍浙派，風格綿麗處如周邦彥，飛揚處如辛棄疾。

小遊仙詞

仙家雞犬近來肥，不向淮王舊宅飛。

卻踞金床作人語，背人高坐著天衣。

詠 史

金粉東南十五州，萬重恩怨屬名流。

牢盆狎客操全算，團扇才人踞上游。

避席畏聞文字獄，著書都為稻粱謀。

田橫五百人安在，難道歸來盡列侯。

猛 憶

狂臚文獻耗中年，亦是今生後起緣。

猛憶兒時心力異，一燈紅繞混茫前。

己亥雜詩（選三）

其一

浩蕩離愁白日斜，吟鞭東指即天涯。

落紅不是無情物，化作春泥更護花。

其二

九州生氣恃風雷，萬馬齊暗究可哀。

我勸天公重抖擻，不拘一格降人才。

其三

陶潛酷似臥龍豪，萬古潯陽松菊高。

莫信詩人竟平淡，二分梁甫一分騷。

寫夢　浪淘沙

好夢最難留，吹過仙洲。尋思一樣到心頭。去也無蹤
尋也慣，一桁紅樓。

中有話綢繆，燈火簾鉤，是仙是幻是溫柔。獨自淒涼
還自遣，自製離愁。

書願　浪淘沙

雲外起朱樓，飄緲清幽，笛聲叫破五湖秋。整我圖書
三萬軸，同上蘭舟。

鏡檻與香篝，雅澹溫柔。替儂好好上簾鉤。湖水湖風
涼不管，看汝梳頭。

黃遵憲（1848-1905）字公度，光緒舉人，歷任駐日，
英使館參贊。官至河南按察使。參加戊戌變法失敗，罷官。
詩歌創作，獨樹一幟，提倡"詩界革命"主張"我手寫吾
口"，要求表現"古人未有之物，未辟之境"。

日本雜事詩（選二）

其一

　　拔地摩天獨立高，蓮峰湧出海東濤。

　　二千五百年前雪，一白茫茫積未消。

其二

　　海外偏留文學緣，新詩脫口每爭傳。

　　草完明治維新史，吟到中華以外天。

己亥雜詩（選二）

其一

　　滔滔海水日趨東，萬法從新要大同。

　　後二十年言定驗，手書《心史》井函中。

其二

　　花落庭空對紫薇，畫簾重處漾斜暉。

　　銜雛燕子渾無賴，眼見人瞋故故飛。

　　陳維崧（1625-1682），字其年，康熙召試鴻詞科，授檢討，參加纂修“明史”，詩爲吳偉業派，最工詞，爲陽羨詞派之開山。

江南雜詠　南鄉子

　　天水淪漣，穿籬一隻撅頭船。萬灶炊煙都不起，芒履，落日撈蝦水田裏。

　　雞狗騷然，朝驚北陌暮南阡。印響西風猩作記，如鬼，老券排家驗鈐尾。

無聊　虞美人

　　無聊笑撚花枝說，處處鵑啼血。好花須映好樓臺，休傍秦關蜀棧戰場開。

　　倚樓極目添愁緒，更對東風語。好風休簸戰旗紅，早送鱠如雪過江東。

詠鷹　醉落魄

寒山幾堵，風低削碎中原路，秋空 — 碧無今古。醉袒貂裘，略記尋呼處。

男兒身手和誰賭？老來猛氣還軒舉。人間多少閒狐兔，月黑沙黃，此際偏思汝。

汴京懷古十首・夷門　滿江紅

壞堞崩沙，人說道，古夷門也。我到日，一番憑弔，淚同鉛瀉。流水空祠牛弄笛，斜陽廢館風吹瓦。買道旁，濁酒酹先生，班荊話。

攝衣坐，神閒暇，北向剄，魂悲吒。行年七十矣，翁何求者。四十斤椎真可用，三千食客都堪罵。使非公，萬騎壓邯鄲，城幾下。

水調歌頭

東海黃門老，疾革話悲酸。呼兒吾骨累汝，霜鬖一燈寒。休返田橫島上，何用要離塚側，莫恤道途艱。憶奉重華命，遣往敬亭山。

三十載，憐弱水，幾回乾？鐵衣生既末著，鬼亦戍其間。此地層崖迤嶂，正接蔣陵鍾阜，紫翠湧千盤。若有人兮在，竦劍守重關。

秋夜呈芝麓先生　賀新郎

擲帽悲歌發。正倚幌，孤秋獨眺，風城雙闕。一片玉河橋下水，宛轉玲瓏如雪。其上有秦時明月。我在京華淪落久，恨吳鹽，只點離人髮。家何在？在天末。

憑高對景心俱折。關情處，燕昭樂毅，一時人物。白雁橫天如箭叫，叫盡古今豪傑。都只被，江山磨滅。

明到無終山下去，拓弓弦，渴飲黃麛血。《長楊賦》
竟何益？

納蘭性德（1655-1685）字容若，滿洲正黃旗人，康熙
進士，官至一等侍衛。詞工小令，長調亦佳。存詞 348 首，
初名 "側帽詞" ，後改爲"納蘭詞"。

詠史　江城子

濕雲全壓樹峰低，影淒迷，望中疑。非霧非煙，神女
欲來時。若問生涯原是夢，除夢裏，沒人知。

采桑子

誰翻樂府淒涼曲，風也瀟瀟，雨也瀟瀟。瘦盡燈花又
一宵。

不知何事縈懷抱，醒也無聊，醉也無聊。夢也何曾到
謝橋。

贈梁汾　金縷曲

德也狂生耳。偶然間，緇塵京國，烏衣門第。有酒惟
澆趙州土，誰會成生此意。不通道，遂成知己。青眼
高歌俱未老，向樽前，拭盡英雄淚。君不見，月如水。
共君此夜須沉醉。且由他，娥眉謠諑，古今同忌，身
世悠悠何足問，冷笑置之而已。尋思起，從頭翻悔。
一日心期千劫在，後身緣，恐結他生裏。然諾重，君
須記。

沁園春

瞬息浮生，薄命如斯，低徊怎忘。記繡榻閒時，並吹
紅雨，雕闌曲處，同依斜陽。夢好難留，詩殘莫續，
贏得更深哭一場。遺容在，只靈飆一轉，未許端詳。
重尋碧落茫茫。料短髮，朝來定有霜。便人間天上，

塵緣未斷，春花秋葉，觸緒還傷。欲結綢繆，翻驚搖落，減盡荀衣昨日香。真無奈，倩聲聲鄰笛，譜出回腸。

爲亡婦題照　南鄉子

淚咽卻無聲，只向從前悔薄情。憑仗丹青重省識，盈盈。一片傷心畫不成。

別語忒分明，午夜鶼鶼夢早醒。卿自早醒儂自夢，更更。泣盡風簷夜雨鈴。

畫堂春

一生一代一雙人，爭教兩處銷魂。相思相望不相親，天為誰春。

漿向藍橋易乞，藥成碧海難奔。容若相訪飲牛津，相對忘貧。

長相思

山一程，水一程。身向榆關那畔行，夜深千帳燈。

風一更，雪一更。聒碎鄉心夢不成，故園無此聲。

如夢令

萬帳穹廬人醉，星影搖搖欲墜。歸夢隔狼河，又被河聲攪碎，還睡，還睡。解道醒來無味。

漁　父

收卻綸竿落照紅，秋風寧為剪芙蓉。人淡淡，水濛濛，吹入蘆花短笛中。

王鵬運（1849-1904）字幼遐，同治舉人，歷宮內閣侍讀，監察御史。其詞為清末四大家之一，詞風沈鬱，語言工麗。

餞春　點絳唇

拋盡榆錢，依然難買春光駐。餞春無語，腸斷春歸路。
春去能來，人去能來否？長亭暮，亂山無數，只有鵑聲
苦。

自題"庚子秋詞"後　浪淘沙

華髮對山青，客夢零星。歲寒濡呴慰勞生。斷盡愁腸
誰會得？哀雁聲聲。

心事共疏檠，歌斷誰聽？墨痕和淚漬清冰。留得悲秋
殘影在，分付旗亭。

吳綺（1619-1694）字園次，工詩詞，善制曲，散曲有
"意堂填詞"一卷，有小令四首，套數八套。

贈蘇昆生　南中呂　尾犯序

（尾犯序）風雪打貂裘，鄉思驚梅，客心催柳。古寺棲
遲，見白髮蘇侯如舊。最喜是中原故老，猶記取霓裳雅奏。
相憐處，把繁華往事，燈下說從頭。

（傾杯序）風流，憶少年不解愁，遊俠爭馳驟。也曾向
麋鹿台前，貙貅帳裏，金谷留連，玉簫迤逗，把豪情倚月，
逸氣干雲，西第南樓，都付與漆園蝴蝶老莊周。

（玉芙蓉）滄桑一轉眸，雲雨雙翻手。到如今蕭蕭霜鬢
如秋。那些個五侯池館爭相迓，只落得六代鶯花莽不收。拋
紅豆。歎知音冷落，向齊廷彈瑟好誰投？

（小桃紅）枉濕了潯江袖，還剩得蘭陵酒。盡紅牙拍斷
紅珠溜，青鞋踏遍青山瘦，把黃冠撇卻黃金臭。管甚麼蛟龍
爭鬥無休！

（尾聲）狂歌一曲為君壽，同在此傷心時候，且勸你放
眼乾坤做個汗漫遊。

沈謙（1620-1670）字去矜，少穎慧，六歲能辨四聲。

以醫爲業，不談時事，詩，詞，曲均有研究，尤精於音韻和戲曲。散曲有小令七十四首，套曲二十套。

除夜悼亡　北中呂　粉蝶兒

（粉蝶兒）風散庭梅，助人愁雪雲低墜，歎年光又早除夕。奠清樽，燃絳燭，魂消心碎。沒揣底泣下沾衣，猛回頭去年今日。

（醉春風）滿把麝蘭焚，親將盤核理，畫堂帷幔擺筵席，暢好是喜，喜。笑口歡容，婦隨夫唱，兀底一團和氣。

（迎仙客）誰想花旋老，月無輝，風雨送春春去急。向只道慣淹煎，一回兒真不起，赤緊底鳳拆鸞離，好些時冷落鴛鴦被。

（紅繡鞋）他會體察知心著意，善調停強飯添衣。到如今誰憐詩瘦誰扶醉！您爲咱炊糜晨汲井，您爲咱織錦夜鳴機。咱病了金刀割玉肌。

（滿庭芳）鬧攢攢排門間壁，篩鑼擊鼓，火爆如雷。抵多少夫妻攜手添春意，越教咱痛苦傷悲。燈不定風如箭急，枕常閑淚似把推。愁滋味教咱告誰，不提防樓外又吹笛。

（耍孩兒）看了這繡床遺掛塵埃翳，恰似我愁堆恨積。又不少紅袖捧春醅，俺喉嚨堵住難吃。淒涼夜永停瑤瑟，慟哭春寒化寶衣。任是多少佳麗，免不得翻羹汗手，玷辱了舉案齊眉。

（一煞）鬧中睡不成，憂來坐不移，又揍著孤兒索果牽衣袂。誰憐塞馬愁時失，莫聽秦烏近處啼。長籲氣。呵不散五更凍雪，禁不住田野荒雞。

（尾聲）愁眉寶鏡中，芳魂羅帳裏。春衫不解渾如醉，只落得枕上花明淚痕洗。

洪昇（1645-1704）字昉思，國子監太學生。工樂府。精音律，與孔尙任並稱"南洪北孔"。散曲存小令一首，套數五套。

題其翁先生塡詞圖 集賢賓

（集賢賓）誰將翠管親畫描，這一片生綃.活現陳郎風度好，撚吟髭慢展霜毫。評花課鳥，待寫就新詞絕妙。君未老，旁坐著那人兒年少。

（琥珀貓兜墜）湘裙低覆，一葉翠芭蕉。素指纖纖弄玉簫，朱唇淺淺破櫻桃，多嬌，暗轉橫波，待吹還笑。

（啄木鸝）他聲將啓，你魂便消，半幅花箋題未了。細烹來陽羨茶清，再添些迷迭香燒。數年坐對如花貌，麗詞譜出三千調。鬢蕭蕭，鬚鬢似戟，輸你太風騷。

（玉交枝）詞場名噪，赴征車競留聖朝。柳七郎已受塡詞詔，暫分攜繡閣鴛交。夢魂裏怎將神女邀，畫圖中翻把真真叫。想殺他花邊翠翹，盼殺他風前細腰。

（憶多嬌）夜正遙，月漸高。誰唱新聲隔柳橋？紙帳梅花人寂寥。休得心焦，休得心焦，明夜飛來畫橈。

（月上海棠）真湊巧，畫圖人面能相照。覰香溫玉秀，一樣豐標。按紅牙月底歡娛，斟綠醑花前傾倒。把雙蛾掃，向鏡臺燈下，不待來朝。

（尾聲）烏絲總是秦樓調，空軸奚囊索護牢，怕只怕並跨青鸞飛去了。

孔尙任（1648-1718）字聘之，孔子六十四代孫。康熙南巡。被召講經，得到褒獎，授國子監博士。所著戲曲"桃花扇"聞名，與當時洪昇有"南孔北洪"之稱。散曲現存小令四首，套曲一套。

博古閒情　北商調・集賢賓

（集賢賓）脫下那破煙蓑搭在漁磯，好趁著一片片岫雲飛。路迢迢千株驛柳，花暗暗十度晨雞。才望見翠芙蓉龍塞峰高，早拜了金華表，鳳闕天齊。猛回頭舊山秋萬里，紅塵中漸老鬚眉。常則是鵷班及早坐，晝省最遲歸。

（逍遙樂）僑寓在海波巷裏，掃淨了小小茅堂，藤床木椅。窗外兒竹影蘿陰，濃翠如滴，偏映著瀟灑葛裙白紵衣。雨歇後，湘簾卷起，受用些清風到枕，涼月當階，花氣噴鼻。

（金菊香）偏有那文章湖海舊相知，剝啄敲門來問你。帶幾篇新詩出袖底。硬教評批。君莫逼，這千秋讓人矣。

（梧葉兒）喜的是殘書卷，愛的是古鼎彝，月俸錢支來不夠一朝揮。大海潮，南宋器；甘黃玉，漢羌笛；唐揭鼓，斷漆奇；又收得小忽雷焦桐舊尾。

（掛金索）他本是蜀產文檀，精美同和璧，撞著個節度韓公，馬上親雕制。一尺寶萬手流傳，光彩琉璃膩。你看這蛇腹龍頭，含著春雷勢。

（上馬嬌）人道是鬱輪袍知者稀，那有個妙手賽王維？樊花坡竟把雙弦理，奇，這法曲傳自舊宮妃。

（勝葫蘆）每日價梧桐夜雨響空墀，砧杵晚風催，卻是那懷裏胡琴聲聲脆。似這般淒情慘意，燈窗雨砌，不濕透了舞裙衣。

（柳葉兒）問起他宮中來歷，惹出萬恨千悲。中丞原是女傾國，為甚的烏夜啼，雉朝飛，直待那鳳去台空也才得於歸？

（醋葫蘆）想初秋宮弦索鳴，到如今故府笙歌廢。這九百年幽怨少人知，偏則寫閒情唐人留小記。點綴了殘山剩水，借重的舊文人都立著雁塔碑。

（幺篇）合該那傷心遺事傳，偏買著劫火唐朝器，又搭上多才一個虎頭癡，做出本《小忽雷》風雅戲。好新詞芙蓉難比，他筆尖兒學會曉鶯啼。

（幺篇）倩一班佳子弟，選一座好台池。新樂府穿著舊宮衣，把那薄命人兒扮得美。淪落客重來作對，還借你香唇齒吟出他苦心機。

（浪裏來熬）試看這易酒濃，還帶些英雄淚，賞新聲且和你珍重飲三杯，說甚麼胸頭有塊壘，那古人都受風流罪，虧他耐性兒熬得甜苦中回。

（清江引）看忽雷無端悲又喜，遊戲浮生世。都愁白髮生，誰把烏紗棄，聽那景陽鍾兒還早些起。

徐旭旦（1659-1720）字浴咸，少有才名，但仕途不順，工詩擅曲，有詩，詞雜劇等著作，散曲現存小令三十首，套數五十套。

感懷　南南呂　香羅帶

序：側身天地，無限悲思；憑望雲山，每成浩歎。愁來莫遣，誰舒江上之心；恨有難堪，孰慰平原之目。壯懷淪落，百感俱生。爰賦此詞，以書伊鬱。

（香羅帶）青氈冷似鐵。亂愁如織。傷心萬事皆瓦裂，歎飛蓬甘載風雲劣。只指望功名遂，瞻帝闕。誰知老大鶉衣結！（合）但見處處滄桑，也消不得我男兒一點血。

（前腔）男兒一點血，向誰分說?青衫脫卻琴書輟，笑當初用盡廣長舌。那裏是拋壯志，甘霜雪?出門滿地荊棘。（合前）

（醉扶歸）三間茅屋睢鳩拙，秦樓楚館空拋撇。本待准陰拜將漢高興，到做蘇秦下第咸陽別。（合）一從他日月去如梭，好教我魂夢寒如鐵。

（前腔）世情反復空寒熱，誰人枉守西山節。只為王孫一去不歸來，十年徒灑江東血。（合前）

（香柳娘）歎花飛月缺，歎花飛月缺，中心如結，不怕他才子文心嘔血。看懷中抱璧，看懷中抱璧，一生心事，半明不滅。（合）恨蕭條蓬蓽，只見空囊羞澀，家中無擔石。

（前腔）任英雄豪傑，任英雄豪傑，何須哽咽。也只是枉費雞窗消息！怕風波忒劣，怕風波忒劣，又聽得劍嘯床頭。呼天無極。（合前）

（尾文）一番壯志須投筆，封侯酬願知何日，正是春夢未成休話說。

林以寧（1655-?）字亞清，林蕉園女。洪昇表弟錢肇修妻，善書畫，曾與其姑顧之瓊組蕉園詩社。著有“墨莊詩文鈔”、“墨莊詞”、“風簫樓集”、“散曲有”、“墨莊詩餘”一卷。套數十三套。

憶針　南越調　小桃紅

（小挑紅）暗風蕭瑟起林皋，卷得那一天的彤雲罩也。看空閨中朱門欲閉轉無聊，飛霰亂飄颷。咱便有鳳笙吹，倩誰調；熏爐暖，同誰靠也。怎當他竹上梅梢，共夜漏，一聲聲生生的把魂銷。

（下山虎）畫樓晚眺，望著前朝，把手陽關道。柳垂嫩條，轉眼是暮景冬天，六花嫋嫋。我這裏重重繡幕交，尚然兒凍倒；他那裏拌淒涼一敝貂，冒雪沖寒去，病餘體勞，想殺伊人天際遙。

（無般宜）咱為你擔愁思瘦成楚腰；咱為你塵封鏡翠眉

懶描；咱爲你清淚透鮫綃。待要向遊子寄語，晚雲飄渺，天涯去了，如何是好。須知道縱貧困相依，勝黃金身畔繞。

（五韻美）寄來的平安報，聲聲勸我休惱，道相逢應須在春杪。刀環尚杳，怎不教傷人懷抱！幸得個新詩句格調高，燈影下還細細將伊意兒尋討。

（山麻秸換頭）夢憶著燕山道，望著那滾滾黃河，堪渡輕橈。今宵，誰將那倩女的魂靈相召？怎安排一腔心事，半眶清淚，千種情苗！

（江神子）多君才思高，更和那衛玠豐標，使人夢想魂勞。壚頭春暖釀新醪，待歸來和他傾倒。

（尾聲）孤幃片影寒風悄，殘雪裏一燈相照，還只索和衣兒睡到曉。

趙慶熺（1792-1847）字秋舲。道光進士。選延川知縣，因病未赴，改官金華府教授以終其身。博學多才，精於詞曲。著有"香消酒醒曲"一卷，小令九首，套數十一套。

葬花　南商調　梧桐樹

（梧桐樹）堆成粉黛塋，掘破胭脂井.檢塊青山，放下桃花櫬。名香爇熱至誠，薄酒先端整。兜起羅衫，一鞠泥乾淨。這收場也算是群芳幸。

（東縅令）更紅兒誄，碧玉銘，巧制泥金綴旌，美人題著名和姓。描一幅離魂影，再旁邊築個小愁城，設座落花靈。

（大聖樂）我短鋤兒學荷劉伶，是清狂非薄幸。今生不合做司香令，黃土畔，叫卿卿。單只爲心腸不許隨儂硬，因此上風雨無端替你疼。一場夢醒，向眾香國裏，涅盤廝稱。

（解三醒）收拾起風流行徑，收拾起慧業聰明，收拾起水邊照娉婷影，收拾起鏡裏空形，收拾起通身旖旎千般性，收抬起徹膽溫和一片情。荒墳冷，只怕你枝頭子滿，誰奠清明。

（前腔）撇下了燕雀孤另，撇下了蝴蝶伶仃，撇下了青衫紅淚人兒病，撇下了酒帳燈屏，撇下了蹄香馬踏黃金鐙，撇下了指冷鸞吹白玉笙。呼難應，就是那杜鵑哭煞，你也無靈。

（尾聲）向荒阡澆杯茗，替你打個圓場證果成。叮囑你地下輪回莫依然薄命。

後　語

　　本書編著人徐紹洵，1928 年生，原籍江西省南昌市，現住臺灣省南投縣中興新村光華路 107 號，（省府單身宿舍）1993 年，公職限齡退休後，每年配合返鄉探親、環遊大陸各地名勝，生活堪稱愉快。

　　最近幾年。因歲數漸增。體質趨向老化，活動受到限制，不得已從戶外走進室內看書，並擬定一個專題（中國詩歌起源與發展概要）來研究。

　　2006 年冬天，專題初稿編成，在南昌親友看後，要求印書贈送。因此，我將原稿帶來臺灣，請教愛好詩歌先進。未幾，即獲得鄉賢陳明卿先生（現任中國詩歌藝術學會秘書長）青睞，願意助我印書。這就是我從“看書”演進到印書”的由來。

　　2007 年春天，中興長春協會理事長向良武先生，得知我即將印書消息，也曾代表該會要我加印贈送。為滿足台灣地區愛好詩歌人士需要，以及個人經濟能力，乃採用”免費贈送”與”平價銷售”兩種方式同時進行，並委任鄉賢陳明卿先生為本書發行人，全權負責處理。

　　　　　　　　　編著者徐紹洵謹識

國家圖書館出版品預行編目資料

中國詩歌起源與發展概要/ 徐紹洵編著. --
初版. --臺北市：道藩文藝中心, 民 96.09
　　頁：　公分.
　　ISBN 978-986-83710-0-2 (平裝)

1.中國詩　2.歷史

820.91　　　　　　　　　　　　　　96017417

中國詩歌起源與發展概要

編著者：徐　紹　洵
出版者：道藩文藝中心
　　　地　址：臺北市羅斯福路 1 段 277 號 9 樓 A
總策劃：周　伯　乃
發行人：陳　明　卿
印刷與經銷者：文史哲出版社
　　　地　址：臺北市羅斯福路 1 段 72 巷 4 號
　　　郵政劃撥帳號：16180175
　　　電　話：886-2-2351-1028
　　　傳　真：886-2-2396-5656
訂　價：新臺幣 200 元
中華民國九十六年（2007）9 月初版